Dr. Hermann Josef Ingenlath

Spross aus der Wurzel Jesse

Spross aus der Wurzel Jesse

Ein biblischer Adventskalender

benno

Bibelzitate:
Einheitsübersetzung der Heiligen Schrift, vollständig durchgesehene und überarbeitete Ausgabe © 2016 Katholische Bibelanstalt GmbH, Stuttgart. Alle Rechte vorbehalten

Bibliografische Information der Deutschen Nationalbibliothek
Die Deutsche Nationalbibliothek verzeichnet diese Publikation in der Deutschen Nationalbibliografie;
detaillierte bibliografische Daten sind im Internet über http://dnb.d-nb.de abrufbar.

Besuchen Sie uns im Internet unter:
www.st-benno.de

Gern informieren wir Sie unverbindlich und aktuell auch in unserem Newsletter zum Verlagsprogramm, zu Neuerscheinungen und Aktionen.
Einfach anmelden unter www.st-benno.de

ISBN 978-3-7462-5482-1

© St. Benno Verlag GmbH, Leipzig
Umschlaggestaltung: Rungwerth Design, Düsseldorf
Covermotiv: Marc Chagall (1887-1985), Der heilige Baum. 1975 (Detail), Öl auf Leinwand, Originalmaße 130 x 81 cm, Privatsammlung. © VG Bild-Kunst, Bonn 2019 © ARTHOTHEK
Gesamtherstellung: Kontext, Dresden (A)

Inhalt

Liebe Leserinnen und Leser,

dieser Adventskalender lädt zu einer besonderen Form der Vorbereitung auf Weihnachten ein. Er hält für jeden Tag des Advents eine Meditation zu einer, manchmal auch zwei biblischen Person(en) bereit. So werden spezielle Alltagssituationen aufgenommen und diese mit biblischen Texten zusammengebracht. Dazu sind Texte aus dem Alten und Neuen Testament ausgewählt worden, die man nicht unbedingt sofort mit Weihnachten in Verbindung bringt. Aber vielleicht hilft das Fremde dabei, das vermeintlich Vertraute in einem neuen Licht zu sehen. Jedenfalls steht die Geburt Jesu im Mittelpunkt. Und alle Meditationen zielen darauf ab, verschiedene Aspekte des Festes und seiner Vorbereitung bewusster zu machen. Jede Meditation schließt mit einer farbig abgesetzten Kernbotschaft.

Es soll auch deutlich werden, dass die Geburt Jesu für unterschiedliche Menschen Verschiedenes bedeuten kann. Jeder und jede ist eingeladen, sich zur eigenen Vorbereitung auf Weihnachten anregen zu lassen.

Der Buchtitel „Spross aus der Wurzel Jesse" hat seinen Hintergrund im bekannten Bild des Propheten Jesaja: „Aus dem Baumstumpf Isais wächst ein Reis hervor, ein junger Trieb aus seinen Wurzeln bringt Frucht" (Jes 11,1). Der Name „Isai" wird auch mit „Jesse" wiedergegeben. So hieß der Vater von David, dem König Israels, aus dessen Großfamilie der Messias hervorgehen sollte. Dieser Gedanke taucht bereits im Neuen Testament im „Stammbaum Jesu" auf, später in der Liturgie als eine der O-Antifonen an den letzten Adventstagen. Das Lied „Es ist ein

Ros entsprungen" mit dem Vers „von Jesse kam die Art"
bewahrt diesen Gedanken ebenso wie das Lied „Herr, send
herab uns deinen Sohn" mit der Strophe:

O Wurzel Jesse, Jesu Christ,
ein Zeichen aller Welt du bist,
das allen Völkern Heil verspricht:
Eil uns zu Hilfe, säume nicht.

Aus der mittelalterlichen Kunst sind zahlreiche Darstel-
lungen des Stammbaums Jesu bekannt. Sie heißen häufig
„Wurzel Jesse" und zeigen an der Spitze Jesus und Maria.
Diese Tradition nimmt auch Marc Chagall mit dem Bild
„Der heilige Baum" aus dem Jahr 1975 auf, das für die
Gestaltung des Buchdeckels verwendet worden ist und das
auch als Symbol des Friedens oder Lebensbaumes von ihm
verstanden wurde. In seinen Ästen begegnen sich die Gestalten des Alten und des Neuen Testaments. Insofern weisen die Texte dieses Buches auch über den Advent hinaus.

Mit guten Wünschen

Ihr
Hermann Josef Ingenlath

1

Die zuerst nachdenken – Maria

Am Beginn des Lukasevangeliums wird erzählt, wie der Engel Gabriel Maria begegnet und die Geburt Jesu ankündigt. Parallel dazu steht die Erzählung, wie Gabriel dem Zacharias die Geburt des Johannes verheißt, der später der „Täufer" genannt wird. Aus meinen frühen Jahren habe ich mir folgende Erklärung gemerkt: Auf die Ankündigung des Engels hin glaubt Maria sofort und sagt dazu Ja. Zacharias dagegen zögert. Er glaubt nicht, will mehr wissen und wird deshalb bestraft durch den Verlust der Sprache. Maria ist Vorbild im Glauben, weil sie ohne Zögern Ja sagt. An Zacharias – Vorbild im Unglauben – wird sichtbar, was passiert, wenn man nicht sofort glaubt. Diese Deutungen haben wohl bei mir dazu geführt, dass ich fortan diese Texte irgendwie gemieden habe.

Umso erleichterter war ich, als Paul Deselaers in einem Vortrag Maria als Vorbild für das richtige Hören auf Gottes Wort gerade nicht als die reine Ja-Sagerin beschrieb. Sie zeigt, dass es nicht um blinden Gehorsam geht. Ihr Vorgehen hat vielmehr folgende Schritte: Sie lebt mit offenen Augen und Ohren. Sie hört. Sie erschrickt. Sie überlegt und sinnt nach. Sie erhebt den Einwand gegenüber dem Engel: Wie soll das geschehen, da ich keinen Mann erkenne? Sie erfasst die grundlegende Veränderung in ihrem Leben. Erst nach einem Prozess, in dem dies alles abgelaufen ist, antwortet sie mit Ja. Mit ihrem persönlichen Glauben. Im Advent sind wir eingeladen, die Zeit der Vorbereitung auf die Geburt Jesu für einen ähnlichen Prozess zu nutzen wie Maria. Mit offenen Augen und Ohren wahrnehmen, das Wahrgenommene bedenken und erwägen, am Ende wenn möglich zu einem persönlichen Glauben finden.

Beim erneuten Lesen der beiden Erzählungen mit den Engelsankündigungen fallen mir Formulierungen auf, die mein ursprüngliches Schema „Vorbild im Glauben – Vorbild im Unglauben" zu bestärken scheinen.

Zacharias erschrak und es befiel ihn Furcht (Lk 1,12). Maria erschrak über die Anrede und überlegte, was dieser Gruß zu bedeuten habe (Lk 1,29). Zacharias' Reaktion auf die Geburtsankündigung des Engels ist: Woran soll ich erkennen, dass das wahr ist? Ich bin ein alter Mann, und auch meine Frau ist im vorgerückten Alter (Lk 1,18). Diese Reaktion des Zacharias deutet der Engel als Unglauben: Weil du meinen Worten nicht geglaubt hast, sollst du bis zur Geburt des angekündigten Sohnes stumm sein (Lk 1,20). Marias Reaktion in Form der Frage, wie das geschehen solle, beantwortet der Engel. Er deutet die Frage nicht als Unglauben.

Ist der Engel nicht zu spitzfindig, wenn er die beiden Reaktionen so unterschiedlich bewertet? Wird die Sortierung der beiden in das Schema Glauben – Unglauben nicht doch dem Zacharias gegenüber ungerecht? Sie wird es nicht, denn es wird bei ihm genau das kritisiert, was er im priesterlichen Tempeldienst verlernt oder nie gebraucht zu haben scheint: auf ungewöhnliche Situationen – wie hier die Begegnung mit einem Engel – eine sachliche, reflektierte und zugleich menschlich überzeugende Haltung einnehmen und eine Antwort finden zu können.

Am Beispiel von Maria wird deutlich, was der Priester Zacharias vermissen lässt: Er lässt sich sofort aus dem Gleichgewicht bringen und gerät in Furcht. Er versucht nicht reflektierend die Situation zu erfassen, sondern verharrt in der Furcht. Zum Gehörten stellt er keine Nachfrage, sondern gleich die Wahrheitsfrage. Durch die nachgeschobene Erklärung wird sie auch noch zu einer rhetorischen Frage. Damit wird sie zum Ausdruck dafür, dass wohl nicht ganz stimmen kann, was ihm der Engel sagt. Es scheint, dass er die Tragweite des Angekündigten Geschehens überhaupt nicht erfasst. Ohne nachzudenken, fürchtet er sich. In eine scheinbar plausible Frage und eine offensichtlich richtige Aussage verkleidet er seine Ablehnung des angekündigten Geschehens. Die Botschaft selbst hat er nicht zu erfassen versucht.

Das Alter des Zacharias suggeriert Lebenserfahrung. Man meint, auch wegen seines religiösen Amtes, Zacharias sei ein religiös und vor Gott gestandener Mann. Die aktuelle Ausübung des Priesterdienstes und damit seines Berufes gibt vor, religiös aktiv und authentisch zu sein. Das genaue Gegenteil ist der Fall.

Deshalb geht es hier vielleicht weniger um das Schema „Glauben – Unglauben". Vielmehr steht hier Maria als eine furchtlose, reflektierende und authentische Person. Sie bemüht sich, die Tragweite der Situation zu erfassen, und akzeptiert am Ende das Leben so, wie es kommt. Ihr gegenüber steht der religiöse und gealterte Besserwisser, der eine bloße Fassade zeigt. Vielleicht geht es eher um das Schema „Leben und Glauben annehmen – Scheinwelt von Glauben und Leben aufbauen". Lukas stellt freilich die Vorgehensweise der Maria als vorbildlich hin, wenngleich das Evangelium im Ganzen zeigt: Gottes Handeln wird auch durch Zacharias nicht unmöglich gemacht.

Maria denkt zunächst über Gottes Botschaft nach. Sie lässt sich Einwände beantworten und spricht erst dann ihr Ja mit ihrem persönlichen Glauben.

2

Die einen Neuanfang wagen – Abraham und Sara

Abraham war Nomade und lebte mit seinen Tierherden im Gebiet der Flüsse Euphrat und Tigris. Er bekam von Gott den Auftrag, sein Land, seine Verwandtschaft und sein Vaterhaus zu verlassen und in das Land zu gehen, das Gott ihm zeigen werde. Dem Auftrag fügte Gott hinzu: „Ich werde dich zu einem großen Volk machen, dich segnen und deinen Namen groß machen. Ein Segen sollst du sein" (Gen 12,2). Abraham zog weg und nahm seine Frau Sara mit (vgl. Gen 12,4-5).

Diese Szene wird auch als „Berufung" Abrahams bezeichnet. Ohne weitere Erklärung beginnt die Erzählung lapidar: „Der Herr sprach zu Abram." Abraham muss also Gott, seinen Herrn, gehört haben. Als innere Stimme? Als Audition? Als Vision? Als Traum? Als Orakel? Als Offenbarung? Als Ruf oder Rede eines anderen Menschen, was er als den Ruf oder Rede seines Gottes erkannt hat? Dazu wird nichts in dieser Erzählung gesagt. Lediglich, dass er wegzog. Und auch später heißt es ohne Erklärungen: „und Gott sprach zu ihm".

Gott sprach noch weitere Male zum ihm in einer Vision (Gen 15,1) und erschien ihm durch die Begegnung mit drei Männern bei den Eichen von Mamre (Gen 18,1ff.). Die Erzählungen zeigen Gott und Abraham, die wie zwei vertraute Menschen miteinander reden. Der eine – Gott – gibt den Auftrag; der andere – Abraham – ist bemüht, ihn zu erfüllen. Als es um die Errettung der Gerechten aus der Stadt Sodom geht, verhandelt Abraham – freilich in gebührendem Respekt – mit Gott wie auf einem Basar (vgl. Gen 18,23 ff.).

So wird Abraham wie ein Held gezeigt. Er erhält einen Ruf Gottes und die Verheißung auf Land, Nachkommen und Segen. Er folgt dem Ruf, hat Verbündete; ihm begegnen Antagonisten, Feinde und Widerstände. Er besteht Prüfungen und erhält den Lohn für sein Vertrauen auf Gott und das entsprechende Handeln. Ein erfülltes Leben. Ein nachahmenswertes Leben. Ein Vorbild im Glauben und Vertrauen auf Gott. Mit Abraham und Sara setzt Gott einen Neuanfang. Auch die Geburt Jesu ist ein Neuanfang. Was können diese Neuanfänge Gottes für mein Leben bedeuten?

Sie können ein Aufruf sein. Als junger Mensch, der den Kinderjahren entwachsen ist und am Anfang des eigenen Weges steht, kann ich in Anlehnung an Abraham und Sara und mit Blick auf den Neuanfang der Geburt Jesu fragen: Welchen Beruf soll ich ergreifen? Wo möchte ich wohnen? Welchen Sinn erkenne ich in meinem Leben? Ich werde ermutigt, meiner eigenen Berufung zu folgen, einen Neuanfang zu wagen, auf Gott oder die innere Stimme zu hören und meinen ganz persönlichen Lebensweg auch zu beginnen. Freilich kann es nicht nur in jungen Jahren einen Neuanfang geben.

Für Menschen, die bewusst schon lange „ihren Weg" gehen, kann der Neuanfang Abrahams, Saras und Jesu eine Erinnerung an einen eigenen Neuanfang sein. Und eine Ermutigung, den eingeschlagenen Weg weiterzugehen. Der eigenen Berufung weiter folgen! Berufung weiter gefasst zu verstehen als nur einen Beruf oder einen Ruf in eine bestimmte Stellung. Es gibt nicht nur die Berufung zum Priester, zur Lehrerin, Schauspielerin, Künstlerin oder zum Minister, Professor und Generalmusikdirektor. Berufung heißt auch: Ruf zum nächsten Schritt, zur nächsten Handlung, zum nächsten Lebensabschnitt. Dazu bedarf es lebenslang der inneren Bereitschaft, derartige Rufe immer wieder zu hören und ihnen zu folgen. Abraham war – nach Gen 12,4 – immerhin 75 Jahre alt, als er den ersten Ruf hörte und ihm folgte.

Die Neuanfänge Abrahams, Saras und Jesu können zu tiefer Dankbarkeit führen bei jenen, die schon eine lange Zeit, ihren Weg gegangen sind, die auf den Weg und die Führung zurückblicken und sich belohnt fühlen: mit Land, Nachkommen und Segen. Wer dankbar ist, möchte das auch zum Ausdruck bringen und Dank sagen. Haben Sie dafür Ihre Form schon gefunden? Wie könnte sie aussehen?

Mit Abraham und Sara setzte Gott einen Neuanfang. Auch die Geburt Jesu ist ein Neuanfang. Was können diese Neuanfänge Gottes für mein Leben bedeuten?

3

Die in anderer Form leben – Abraham und Sara

Abraham wird als Vorbild aufgrund seines Glaubens (Röm 4,3-22) und aufgrund seiner Werke (Jak 2,21-24) dargestellt. Vorbildlich ist sein Vertrauen auf Gott und auf Gottes Verheißung. Als Gott ihm den Auftrag gibt, sein Land, seine Verwandtschaft und sein Vaterhaus zu verlassen und in das Land zu gehen, das Gott ihm zeigen wird, zieht er fort. Ein Detail aus der Aufbruchsszene berichtet die Bibel nur spärlich: Abrahams Frau Sara war zugleich seine Halbschwester. Sie war Tochter seines Vaters, aber nicht Tochter seiner Mutter (vgl. Gen 20,12). Warum ist das erwähnens- und bedenkenswert? Weil eine Ehe unter Halbgeschwistern höchst ungewöhnlich ist, selten und rechtlich vielerorts verboten. Und weil Abraham, Sara und später Isaak keineswegs die „normale" Ein-Kind-Familie darstellen, wie sie heute vielfach existiert. Abraham konnte Sara als seine Frau oder wahlweise als seine Schwester ausgeben. Meist wird sie als seine Frau dargestellt (ab Gen 12,5). Gegenüber dem König Abimelech aber gibt er Sara als seine Schwester aus. Er tut das aus Vorsicht. Denn er sagt, wenn es vielleicht keine Gottesfurcht an diesem Ort gibt, würde man ihn möglicherweise wegen seiner Frau umbringen (vgl. Gen 20,11). Deshalb gibt er sogar Sara dem unbekannten König zur Frau, um damit sein Leben (und gegebenenfalls das von Sara) zu retten. Warum „verleiht" er geradezu seine Frau? Aus Angst, Vorsicht, Überlebenswillen oder Klugheit?
Diese untergeordnet erzählte Linie im Leben Abrahams

und Saras enthält zwei Botschaften. Sie verdienen es, insbesondere in der Zeit des Advents, der Vorbereitung auf die Feier der Geburt des Erlösers aller Menschen, bedacht zu werden.

Die erste Botschaft: Jesus ist für alle Menschen geboren. Gott spricht auch zu Menschen, die in noch so unglaublich klingenden persönlichen, familiären oder sexuellen Verhältnissen leben. Er akzeptiert, wenn Menschen diese Konstellationen annehmen, um ihren Weg zu gehen und ihrem Ruf zu folgen. Die Bibel zeigt hier sogar größere Offenheit gegenüber einer Lebensform als etwa das deutsche Recht. Das regt zum Nachdenken an: Wie bewerte ich Menschen, die andere Lebensformen praktizieren als ich? Betrachte ich auch sie als von Gott berufen und erlöst? Die zweite Botschaft scheint aber genauso bedeutsam. Die Abraham/Sara-Erzählungen bedienen – trotz der ungewöhnlichen Konstellation – kein aufdringliches Zurschaustellen. Es wird heute häufig einem fragwürdigen Exhibitionismus das Wort geredet, einer gewissen Lust, ungewöhnliche Lebensformen in einer breiten Öffentlichkeit zu präsentieren. Dem verfallen die biblischen Erzählungen nicht. Sie fordern auf: Bleib beim Kern und mach nicht bestimmte Besonderheiten zum Mittelpunkt!

Abraham und Sara werden hauptsächlich als Paar gezeigt. Als solche sind sie die Stammeltern des neuen Volkes Israel: von Isaak, von Esau und Jakob und allen weiteren Nachkommen. Als solche werden sie als Vater und Mutter im Glauben Vorbild aufgrund ihres Glaubens und ihrer Werke. Nicht die Art einer Lebensform ist das Besondere, sondern das Hören auf den Ruf und das ihm Folgen. In dieser Hinsicht ist Abraham ein Prophet (vgl. Gen 20,7). Auch die Darstellung von Josef, Maria und dem Kind als

„Heiliger Familie" will den Kern der Weihnachtsbotschaft sichern und nicht Menschen ausschließen, die nicht in dieser Konstellation leben.

Die untergeordnet erzählte Linie im Leben Abrahams und Saras als Halbgeschwister enthält im Blick auf Weihnachten zwei Botschaften: Jesus ist für alle Menschen geboren, auch für solche, die in noch so unglaublich klingenden Verhältnissen leben. Und: Nicht die ungewöhnliche Konstellation soll im Mittelpunkt stehen, sondern das Handeln Gottes.

4

Die polarisieren und intrigieren – Rebekka

Schon im Mutterleib stießen sie einander (Gen 25,22). Über sie sagt Gott ihrer Mutter Rebekka bereits während der Schwangerschaft: der ältere muss dem jüngeren dienen (Gen 25,23). Und später, als beide herangewachsen waren, war Esau ein Jäger, ein Mann des freien Feldes. Deshalb hatte sein Vater Isaak ihn lieber, denn der Vater aß gerne Wildbret. Jakob aber blieb bei den Zelten. Ihn hatte seine Mutter Rebekka lieber (vgl. Gen 25,27-28). Offene Polarisierung von Anfang an, der sich auch ganz unverblümt die Eltern hingeben. Ja, die Eltern sind nicht nur Unterstützer je eines Geschwisterkindes, sie ihrerseits befeuern den Konflikt tatkräftig. Der Vater Isaak bevorzugt den ein wenig älteren Esau; dieser besorgt das, was ihm am besten schmeckt: gebratenes Wild. Die Mutter Rebekka steht von Anfang an auf Jakobs Seite. Sie scheut sich nicht, alle ihr zur Verfügung stehende List auch gegen den eigenen Mann und gegen den Sohn Esau einzusetzen, um ihrem bevorzugten Jakob einen Vorteil zu verschaffen. Vatersöhnchen gegen Muttersöhnchen?

Und Jakob selbst übernimmt die Vorgehensweise seiner Mutter, indem er seinerseits zahlreiche Listen auch gegen eigene Familienmitglieder anwendet. So will er dem hungrig und erschöpft heimkommenden Esau nur etwas von seinem Essen abgeben, wenn dieser ihm dafür sein Erstgeburtsrecht verkauft. Worauf sich Esau schließlich einlässt mit dem leichtfertig klingenden Kommentar: „Ich sterbe vor Hunger, was soll mir da das Erstgeburtsrecht?" (Gen 25,32). Der Listige gegen den Leichtfertigen?

Als Esau vierzig Jahre alt ist, nimmt er sich zwei einheimische Hetiterinnen als Frauen. Diese gehören nicht zum Groß-Klan der Eltern und damit nicht zum auserwählten Volk Gottes. Sie werden wohl deshalb „für Isaak und Rebekka Anlass zu bitterem Gram" (Gen 26,35). Rebekka steigert ihre Haltung zu den Schwiegertöchtern, indem sie sagt: „Mir ist mein Leben verleidet wegen der Hetiterinnen. Wenn Jakob eine Frau von diesen Hetiterinnen, den Töchtern des Landes, nimmt, was liegt mir dann noch am Leben?" (Gen 27,46). Steht hier Jakob als der, der seine Partnerwahl gegen den Elternwunsch trifft, seinem Bruder gegenüber, der dabei dem Elternwunsch folgt?

Geradezu filmreif ist die Art und Weise, wie Jakob mithilfe von Rebekka vom alt gewordenen Vater Isaak den Erstgeburtssegen erschleicht (vgl. Gen 27). Gegenüber dem blinden Vater gibt er sich als Esau aus und bringt diesen damit um den Erstgeburtssegen. Als Esau dies merkt, reagiert er „aufs Äußerste verbittert". Er droht Rache und die Ermordung des Bruders an. Der Betrüger gegen den, der mit todbringender Vergeltung droht?

Nicht selten hegen – insbesondere jüngere – Leser oder Hörer dieser Erzählung für Esau die größeren Sympathien. Schließlich wird er unrechtmäßig von seinem Bruder übervorteilt und wird Opfer von dessen List und Betrug. Auch Rebekka kommt mit ihrer Intrigenschmiederei meistens nicht gut weg. Dennoch lässt die Erzählung Jakob als den „Sieger" hervorgehen. Als den vielleicht zunächst unsympathischen, aber schlauen Fuchs, der eben die ungerechte Welt verkörpernd über mehr Tricks und Schliche verfügt als sein Bruder? Nein. Das würde Jakob völlig verkennen.

Rebekkas Handeln bildet den Grundstock für Jakobs Überlegenheit. Diese rührt im äußeren Handeln von seiner Sensibilität für innere Werte her. Er kennt und ringt um den Wert des Segens. Er hat so etwas wie einen inneren Kompass und strebt danach, dem ganz persönlichen, eigenen Weg zu folgen. Er sucht dem Wert des „Innerlich-bei-sich-Seins", dem Wert des „Mit-sich-im-Reinen-Seins" zu folgen. Nur von ihm – nicht von Esau – wird erzählt, wie er auf dem Weg in die Fremde Gott begegnet, ihn um Beistand für seinen Weg bittet und Gott Dankbarkeit verspricht (vgl. Gen 28). Nur von ihm wird erzählt, wie er auf dem Heimweg mit Gott um den Segen und um den weiteren Weg – im geradezu wörtlichen Sinne am Fluss Jabbok – ringt (vgl. Gen 32,23-33). Dagegen wirkt Esau geradezu oberflächlich. Jakob aber erscheint als einer, der seinen äußeren Erfolg insbesondere der Sensibilität gegenüber seiner inneren Stimme und dem Folgen seines im Inneren wahrgenommenen Auftrags und Ziels verdankt.

Rebekka wird als menschlich durch und durch gezeigt mit sympathischen und weniger sympathischen Seiten. Sie ist den Polarisierungen des Lebens unterworfen und polarisiert selbst: Als listige Mutter leistet sie Beihilfe zum Betrug, wird aber trotzdem Teil in Gottes großem Plan.

Auch Intrigenschmiede und Polarisierer, die obendrein zum Betrug Beihilfe leisten, sind Teil in Gottes großem Plan. Er ermutigt uns, nicht an den ungenügenden Seiten unseres Lebens zu zerbrechen. Der, auf dessen Geburt wir uns vorbereiten, will auch uns mit unseren Unzulänglichkeiten erlösen.

5

Die auf der Flucht sind – Jakob

Jakob ist an einem Punkt angelangt, an dem es so nicht weitergeht. Er ist über 40 Jahre alt. Sein Zwillingsbruder Esau hat bereits geheiratet – Frauen aus der Gegend. Das lehnen die Eltern vehement ab. Der Vater Isaak befiehlt ihm: „Nimm keine Kanaaniterin zur Frau!" (Gen 28,1b). Und die Mutter Rebekka behauptet sogar, wenn Jakob eine Einheimische zur Frau nimmt, „was liegt mir dann noch am Leben?" (Gen 27,46).

Sein Vater ist alt und schwach. Jakob hat ihm mit List und Hilfe seiner Mutter erfolgreich den Erstgeburtssegen abgeluchst und damit seinen Bruder so erzürnt, dass dieser gedroht hat, ihn deshalb zu töten. Nun hat er zwar den Segen und damit die Zusage: „Gott gebe dir vom Tau des Himmels, vom Fett der Erde, viel Korn und Most. Völker sollen dir dienen, Nationen sich vor dir niederwerfen. Sei Herr über deine Brüder" (Gen 27,28-29a). Aber wie soll sich das nun bewahrheiten, wenn ihn doch sein Bruder voll Verbitterung mit dem Tod bedroht?

Ihm wird klar: Er muss sein Zuhause verlassen. So macht er sich auf in die Ferne, um dort eine Frau für sich zu finden. Erstmals ist er allein unterwegs und lässt das Vertraute, aber auch zu eng Gewordene hinter sich. Die erste Nacht verbringt er im Freien. Dabei träumt er und sieht eine Treppe, die von der Erde bis zum Himmel reicht. Auf der Treppe sind Engel zu sehen, die auf und nieder steigen. Gott sagt zu ihm vom oberen Ende der Treppe: Ich bin bei dir und behüte dich, wohin du auch gehst, und bringe dich in dieses Land zurück (vgl. Gen 28,12-15).

Was kann einem in dieser Situation Besseres passieren!? Eine Bestärkung der eigenen Entscheidung: Ja, dein Schritt, von zuhause loszugehen, war richtig! Eine Schutzzusage: Was jetzt auch kommt, du bist nicht allein, du bist behütet. Und eine Verheißung, das Ziel und späterhin auch das Zuhause wiederzuerlangen. Ein Flüchtling sucht häufig beides, zuerst einmal das unscharf erkennbare Fluchtziel zu erreichen, dann aber auch möglichst wieder das Zuhause. So erinnert Jakobs Geschichte an die vielen Fluchtgeschichten von heute. Die Situation zu Hause ist so verfahren, dass nur eine Flucht zu helfen scheint. Wer flüchtet, fühlt sich oft allein – innerlich und äußerlich. Alles ist doch offensichtlich, aber es gelingt einfach nicht, anderen die innere Not zu erklären. Andere in äußerlich ähnlicher Lage ziehen andere Schlüsse und empfinden meine Entscheidung als Angriff. Ein Flüchtling hat viel mit sich selbst zu klären. Was sind meine wichtigsten Gründe zu gehen? Wie stelle ich mir meine Zukunft vor? Wie werde ich Kontakt mit den Zurückgelassenen halten können? Werde ich später sagen: „Es war ein Fehler"? Mit wem kann ich offen reden? Wer wird mir helfen? Jakob findet Hilfe bei Gott. Hier ist es Gott, der vom anderen Ende der Treppe diese Zusagen macht. Dies ist zugleich ein Bild für die Verbindung von Innenwelt und Außenwelt Jakobs. In seiner ganz konkreten Lebenssituation der ersten Nacht auf der Flucht, unter freiem Himmel, den Kopf auf einem Stein, hört er die innere Stimme, die ihm Bestärkung, Schutz und Verheißung zuspricht. Diese innere Stimme tut er nicht als bedeutungslos, als bloß eingebildet, als nur ein Gedankengespinst, als bloßen Traum ab. Aus der Vielzahl der Eindrücke und Wahrnehmungen unterscheidet er und identifiziert diese als für ihn bedeutsam und festhaltenswert. Das verankert er wiederum in der Außenwelt – auf der Erde. Am Morgen nimmt er den Stein, auf dem sein Kopf gelegen hat, stellt ihn als Steinmal auf und gießt Öl darüber, gibt dem Ort einen Namen und macht ein Versprechen für den Fall, dass alle im Traum gehörten Zusagen sich erfüllen.

Zur Geschichte der Geburt Jesu gehört auch eine Geschichte der Flucht: die Flucht nach Ägypten. Sie macht heutigen Flüchtlingen Mut. Sich vorbereiten auf die Feier der Geburt Jesu heißt auch, auf festgefahrene Situationen im eigenen Leben zu blicken, Mut haben aufzubrechen und erste neue Schritte zu gehen. Es heißt, aus der Vielzahl der Wahrnehmungen die für Sie bedeutsame Stimme Gottes oder innere Stimme herauszuhören und ihr zu folgen.

6

Die mit Gott ringen – Jakob

Auf dem Weg in die Fremde wird Jakob als der gezeigt, der aufmerksam auf seine innere Stimme, die Stimme Gottes, hört. Auf dem Weg nach Hause zurück wird er als starker Ringer dargestellt. Er ringt eine ganze Nacht lang mit einem Mann, bis die Morgenröte aufsteigt. Als der Mann merkt, dass er ihn nicht besiegen kann, schlägt er ihn auf sein Hüftgelenk. Dabei renkt sich das Hüftgelenk aus und trotzdem schafft es Jakob, den anderen festzuhalten und seine Bedingung für das Ende des Kampfes zu diktieren: „Ich lasse dich nicht los, wenn du mich nicht segnest" (Gen 32,27b). Der andere muss klein beigeben und sagt: „Nicht mehr Jakob wird man dich nennen, sondern Israel – Gottesstreiter –; denn mit Gott und Menschen hast du gestritten und gesiegt" (Gen 32,29). Dann segnete er ihn.

Von sportlichen Ringkämpfen kennen wir das Ende: In der Mitte steht der Kampfrichter, fasst den einen mit der rechten Hand, den anderen mit der linken und reckt die Hand des Siegers in die Höhe. Wie aber sieht es aus, wenn einer mit Gott streitet und gewinnt? Wie sieht es aus, wenn einer mit Gott streitet und verliert? Ist der Siegespreis der Segen Gottes? Wird dann nur der gesegnet, der gegen Gott gewonnen hat? Schwer vorstellbar, denn Gott hat ja auch die Tiere und Menschen – nicht die Pflanzen – schon bei der Schöpfung gesegnet (vgl. Gen 1,22.28).

Ist der Siegespreis ein neuer von Gott gegebener Name? Ist es dann die Folge, gezeichnet zu sein? Denn Jakob hinkt nach dem Kampf durch die Verletzung an seiner Hüfte. Oder bedeutet es, dass jemand, der mit Gott gestritten und gewonnen hat, unauslöschbar Teil der Geschichte Gottes mit den Menschen wird? So wie einer, der sich konsequent und eindeutig ganz in den Dienst der Menschen stellt und so einen unauslöschbaren Platz im Gedächtnis der Menschheit hat?

Im Streit am Ende gewinnen bedeutet ja auch nicht, jede Auseinandersetzung zu gewinnen. Martialisch gesprochen kommt es nicht darauf an, jede Schlacht, wohl aber den Krieg zu gewinnen. Jakob hat mit mancher List Erfolge errungen, aber auch erlebt, wie gegen ihn andere mit ihrer List erfolgreich waren. So diente er sieben Jahre bei seinem Onkel um Rahel, die Frau, die er liebte. Der Onkel aber schob ihm Rahels Schwester Lea unter. Er musste statt sieben 14 Jahre lang dienen. Schließlich erhält Jakob beide als Frauen. Aber auch diese Niederlage wird ihm zum Segen. Am Ende hat er zwölf Söhne und eine beachtliche Zahl an Nachkommen.

Jakob ist ein beeindruckender Vorläufer Jesu darin, innerlich mit sich zu ringen und inneren Werten zu folgen. Jesus hat – im übertragenen Sinne – häufig mit den religiösen Autoritäten seiner Zeit gerungen, z. B. über die Frage, ob man am Sabbat heilen darf. Er hat mit sich gerungen, was und wen seine Sendung umfasst. Die kanaanäische, also eine nicht zu seinem Volk gehörende Frau, die ihn um Hilfe bittet, vergleicht er mit Hunden: „Es ist nicht recht, das Brot den Kindern wegzunehmen und den kleinen Hunden vorzuwerfen" (Mt 15,26). Später heilt er ihre Tochter doch.

Hat Jesus auch mit seinem Vater, den er liebevoll Abba nennt, gerungen? Als er sich zurückzog und mit ihm im Gebet alleine war? Wann genau war ihm sein Auftrag oder sein Lebenssinn voll und ganz bewusst? Erst beim Sterben am Kreuz?

Um den eigenen Weg ringen. Darum ringen, vor bestimmten Entscheidungen den eigenen Werten und Überzeugungen zu folgen. Dies im Advent bewusst zu tun, stimmt ein auf die Lebensweise Jesu, dessen Geburtsfeier bevorsteht.

7

Die verkannt unglücklich sind – Hanna

Eine Frau, die Gott etwas abgerungen hat, war Hanna. Einst lebte in Rama in Israel ein Mann mit Namen Elkana. Er hatte zwei Frauen. Die eine hieß Hanna, die andere Peninna. Peninna hatte Kinder, Hanna aber hatte keine Kinder. Peninna kränkte und demütigte Hanna sehr, weil sie keine Kinder bekommen hatte. Elkana und beide Frauen reisten jedes Jahr zum Haus Gottes nach Schilo, um dort zu Gott zu beten. Hanna weinte und aß nichts. Sie war verzweifelt, betete und weinte sehr, weil sie bisher kein Kind bekommen hatte. Elkana versuchte, sie zu trösten.

Dann machte Hanna ein Gelübde und sagte: Gott, wenn du mir ein Kind schenkst, dann will ich dieses Kind für sein ganzes Leben dir, Gott, überlassen.

Sie betete lange, redete still vor sich hin. Ihre Lippen bewegten sich, doch ihre Stimme war nicht zu hören. Der Gottesmann Eli hielt sie deshalb für betrunken und sagte zu ihr: Wie lange willst du dich noch wie eine Betrunkene aufführen? Sieh zu, dass du deinen Weinrausch los wirst!

Hanna gab zur Antwort: Nein, Herr! Ich bin eine unglückliche Frau. Ich habe weder Wein getrunken noch Bier; ich habe nur dem Herrn mein Herz ausgeschüttet.

Einige Zeit später wurde Hanna schwanger. Sie gebar einen Sohn und nannte ihn Samuel.

Als Samuel kein Säugling mehr war, nahm sie den Jungen mit zum Haus Gottes nach Schilo – wie sie versprochen hatte – und brachte ihn zum Gottesmann Eli. Hanna sagte: Ich habe um diesen Jungen gebetet und Gott hat mir die Bitte erfüllt, die ich an ihn gerichtet habe. Darum lasse ich das Kind auch von Gott zurückfordern (vgl. 1 Sam 1). Der junge Samuel aber versah den Dienst im Haus Gottes. Seine Mutter machte ihm immer wieder neue Kleidung und brachte ihm diese jedes Jahr mit, wenn sie zusammen mit ihrem Mann nach Schilo kam. Später bekam Hanna noch drei weitere Söhne und zwei Töchter.

Eine bewegende Geschichte! Eine hoffnungsvolle Geschichte. Über Jahre fühlte sich Hanna unglücklich und geschlagen damit, dass sie keine Kinder bekommen konnte. Dazu kamen Demütigungen und Kränkungen von Peninna. Trostversuche ihres Mannes halfen nichts. Schließlich kamen Verdächtigungen und Beschimpfungen des Gottesmannes hinzu, der sie als Betrunkene verkannte. Sie gab die Hoffnung nicht auf und wurde belohnt durch die Geburt ihres Sohnes Samuel.

Sie dankt Gott mit einem bewegenden Lied. Dieses wird später zum Vorbild für das Magnifikat (vgl. Lk 1,46-55), das große Danklied, das Maria in Vorbereitung auf die Geburt ihres Sohnes spricht. Hanna betete und sagte:
„Mein Herz ist voll Freude über den HERRN,
erhöht ist meine Macht durch den HERRN …;
denn ich freue mich über deine Hilfe …
Den Schwachen hebt er empor aus dem Staub
und erhöht den Armen, der im Schmutz liegt;
er gibt ihm einen Sitz bei den Edlen,
einen Ehrenplatz weist er ihm zu." (1 Sam 2,1.8a)

Wir sind eingeladen, mit dem bewegenden Lied von Hanna (vgl. 1 Sam 2) Gott zu danken. Es ist Vorbild für das Magnifikat, das große Danklied, das Maria in Vorbereitung auf die Geburt ihres Sohnes spricht.

8

Die auf dem Land Sorgen haben –
Habakuk

Unglücklich fühlen sich heute nicht wenige, die auf dem Land leben. Deshalb geht der Trend vom Land in die Stadt. Globalisierung verstärkt die Verstädterung. Immer mehr Menschen strömen in Großstädte, um dort dauerhaft zu leben. Sie lassen Dörfer und Landstriche zurück, die entvölkert werden und nicht selten dem Verfall preisgegeben sind. Wegzugsgebiete gibt es nicht nur in Ost- und Norddeutschland oder Nordbayern. In vielen Teilen Europas und weltweit ist Landflucht zu beobachten.

Wer in die Geschichte schaut, weiß: Derartige Bevölkerungsentwicklungen und -verschiebungen gab es zu vielen Zeiten. Als Ergebnisse von gewaltsamen Eroberungen, von Krieg, Dürre und anderen Naturkatastrophen. Demografen belegen all das mit Zahlen.

Manchmal wird auch versucht, mittels demografischer Prognosen so etwas wie Hoffnung zu machen. Nach dem Motto: Je mehr Leute hier wegziehen, umso mehr fallen die Preise und umso erschwinglicher wird es, hier Grund und Boden zu kaufen. Wo der Wegzugstrend lange genug anhält, wird es so billig, dass irgendwann später viele wiederkommen und sich hier ansiedeln wollen. Menschen, die in betroffenen Landgebieten wohnen, empfinden derartige Spekulationen als besonders widerwärtig und überhaupt nicht hoffnungsvoll. Schließlich geht es um ihr Leben und ihr Hab und Gut. Der Blick in die Zukunft – 30, 50 oder gar 100 Jahre weiter – macht sie zu belanglosen Rädchen eines unmenschlichen Räderwerks von geschichtlichen Prognosen.

Gibt es Trost und Hoffnung für Menschen in leerer werdenden Dörfern und Landstrichen? Vielleicht sogar Perspektiven?

Beim Propheten Habakuk ist folgendes Gebet zu lesen:
„Zwar blüht der Feigenbaum nicht,
an den Reben ist nichts zu ernten,
der Ölbaum bringt keinen Ertrag,
die Kornfelder tragen keine Frucht;
im Pferch sind keine Schafe,
im Stall steht kein Rind mehr.
Ich aber will jubeln über den HERRN
und mich freuen über Gott, meinen Retter.
GOTT, der Herr, ist meine Kraft.
Er macht meine Füße schnell wie die Füße der Hirsche
und lässt mich schreiten auf den Höhen."
(Hab 3,17-19)

Hier erlebt der Betroffene nicht nur den Verfall um sich herum. Seine eigenen Bäume und Felder bringen keine Ernte mehr. Alle Tiere, Schafe und Rinder, die er einmal hatte, sind nicht mehr. Felder ohne Früchte, Ställe ohne Tiere – ein trauriger Anblick. Eine düstere Perspektive.
Wie freut sich der, der eine gute Ernte einbringt! Da ist aber auch die Kehrseite: die Last mit den Feldfrüchten. Bei der Arbeit ist man Hitze, Kälte und Regen ausgesetzt. Da sind das ständige Bangen um oder das zermürbende wochenlange Warten auf gutes Wetter, die tödliche Wirkung einer Frostnacht für die gesamte Jahresernte, die Abhängigkeit von Helfern zum rechten Zeitpunkt, Marktlage und Preis beim Verkauf der Früchte.
Ein voller Stall, gefüllt mit Rindern, Schafen und anderen

Tieren, mit ihrem Leben von fressen, bewegen und ausruhen, mit ihren Jahresabläufen von Stall und Wiese, geboren und geschlachtet werden, mit dem dazugehörenden Lebensrhythmus der Menschen: früh aufstehen, füttern, melken, Milch wegbringen, ausmisten, Ställe mit frischem Stroh einstreuen, füttern, melken. Wer mit all dem groß geworden ist und davon gelebt hat und wer erleben musste, wie die Tiere von einem auf den anderen Tag – durch Raub, Krieg oder andere Zwangsmaßnahmen wie Kollektivierung oder Seuchenbekämpfung – weggenommen worden sind, erleidet ein Trauma. Nicht viel besser geht es jenen, denen die Tiere über einen längeren Zeitraum hinweg genommen werden. Weil es sich nicht mehr lohnt, sie zu halten. Weil keine gerechten Preise für die Milch bezahlt werden. Weil auf Dauer keiner von der Substanz leben kann. Weil keine Nachfolger da sind, die den Hof übernehmen wollen.

Der Beter im Buch Habakuk bekundet, dass er bei all diesen Rückschlägen, die er in seinem Leben auf dem Land hinnehmen musste, dennoch über Gott jubeln will. Er sagt nicht, dass ihm zum Jubeln zu Mute ist. Aber er will an der Freude über Gott, seinen Retter, festhalten. Er hat persönlich erlebt, dass Gott seine Kraft ist. Vielleicht kann jemand angesichts solcher Verlusterfahrungen und Enttäuschungen heute nur sagen: „Jubeln" wäre wohl ein übertriebener Ausdruck. „Mit der Hypothese Gott leben" ein untriebener.

Für manche mögen Habakuks Beter-Hinweis auf „Gott, meinen Retter" oder die Weihnachtsbotschaft vom neugeborenen Retter nicht Anlass zu emotionaler Freude oder zum Jubel sein. Aber in ihrem tiefsten Inneren wissen jene, die mit Gott über Jahre und Jahrzehnte gelebt haben:

Selbst wenn ich mir nicht gerne oder häufig Gedanken darüber mache, wie Gott ist, selbst wenn mir zu viel Spekulation und zu wenig Sicheres dabei zu sein scheint – ich halte es dennoch für lohnenswert, die Erzählungen über Gottes Wirken an die nächste Generation weiterzugeben. Soll doch jeder die Möglichkeit haben, die Geschichten von den Feigenbäumen, Reben, Ölbäumen und Kornfeldern, von Schafen und Rindern zu kennen und damit sein Leben zu deuten.

Außerdem arbeite ich lieber für die Feigenbäume, Reben, Ölbäume und Kornfelder, die keine Frucht bringen, als sinnlose Wegwerfprodukte herzustellen und damit die Gärten und Felder zuzumüllen.

Und manchmal kann und will ich auch danken für das, was ich habe, und nicht auf das blicken, was ich nicht habe. Ich will danken für meine Familie, für lieb gewordene Orte, Traditionen und Menschen. Danken für Pflanzen, Tiere und Natur – wenn du sie gemacht hast, Gott, auch dir dafür danken.

Selbst wenn mich die bevorstehende Geburt unseres Retters nicht mit emotionaler Freude oder Jubel erfüllt, weiß ich dennoch: Es ist lohnenswert, die Erzählungen über Gottes Wirken weiterzugeben. So hat jeder Mensch die Möglichkeit, damit sein Leben zu deuten.

9

Die allein im Reichtum leben – Kohelet

Die Globalisierung scheint an niemandem spurlos vorüberzugehen. Jeder fühlt sich entweder als Gewinner oder als Verlierer der Globalisierung. Die meisten Menschen können sich heute ein Leben ohne die Folgen der Globalisierung kaum noch vorstellen. Rund um die Welt werden mit Datennetzen, Handys, Computern und anderen Medien Nachrichten transportiert. Menschen reisen global. Waren und Produkte aus verschiedensten Regionen sind allgegenwärtig. Inzwischen werden auch Bedrohungen durch eine Welt ohne Grenzen deutlicher wahrgenommen. Durch den steigenden Ressourcenverbrauch verändert sich das Weltklima. Terrorismus und Konflikte sind weltweit verbreitet. Auch mangelnde Verwurzelung der Menschen ist sichtbar. Viele leben – über sehr lange Zeiträume hinweg – alleine. Oberste Priorität geben sie der Logik von Beruf, Arbeitsmarkt und Geldverdienen. Sie spüren die große Anziehungskraft, die die Eigendynamik von Reichtum, Geschäften und Konsum ausübt. Manche merken zu spät, dass dies zur Entwurzelung ihrer selbst führen kann. Die Bedeutung von Partnerschaft, Familie, Kultur- und Religionszugehörigkeit, sozialem Dorf- oder Kiezumfeld wird unterschätzt. Folglich sind Single-Haushalte inzwischen die häufigste Lebensform in vielen Großstädten. So sagen es Statistiken. Derartige statistische Erhebungen fassen zwar meist sehr verschiedene Lebenssituationen zusammen: Studierende und Auszubildende, die das Elternhaus verlassen haben. Menschen, die nach einer gescheiterten Beziehung neu anfangen. Senioren, die ihren Lebenspartner im Alter verloren haben. Freilich auch solche, die einfach keine Entscheidung für einen Partner oder eine Partnerin treffen können. Oder jene, die sich für ein Leben allein bewusst entschieden haben oder bei denen es einfach so geworden ist.

Letztgenannte Gruppen hat Kohelet schon vor über 2.200 Jahren beobachtet: „Es kommt vor, dass jemand allein steht und niemanden bei sich hat. Ja, er besitzt nicht einmal einen Sohn oder Bruder. Aber sein Besitz ist ohne Grenzen, und überdies kann sein Auge vom Reichtum nicht genug bekommen. Doch für wen strenge ich mich dann an, und warum gönne ich mir kein Glück? Auch das ist Windhauch und ein schlechtes Geschäft" (Koh 4,8). In der Logik des Business-Denkens nennt Kohelet es ein schlechtes Geschäft, wenn jemand dem Reichtum den Vorrang vor allem gibt. Denn was nützt Besitz, wenn ich ihn nicht in der Dauerbeziehung mit einem Partner und einer Familie teilen kann?

Kohelet empfiehlt das auf Dauer angelegte Leben zu zweit. Einerseits aus praktischen Gründen: Wenn einer hinfällt, richtet der andere ihn auf. Wenn zwei zusammen schlafen, wärmt einer den andern. Wenn einer überwältigt werden kann, sind doch zwei einem Angreifer gewachsen (vgl. Koh 4,10-12). Andererseits rät Kohelet aber auch deshalb zur Zweisamkeit, weil sie lange Zufriedenheit bescheren kann, was er auch generell als Lebenshaltung empfiehlt: „Iss freudig dein Brot und trink vergnügt deinen Wein; denn das, was du tust, hat Gott längst so festgelegt, wie es ihm gefiel. Trag jederzeit frische Kleider und nie fehle duftendes Öl auf deinem Haupt! Mit einer Frau, die du liebst, genieß das Leben alle Tage deines Lebens voll

Windhauch, die er dir unter der Sonne geschenkt hat, alle deine Tage voll Windhauch! Denn das ist dein Anteil am Leben und an dem Besitz, für den du dich unter der Sonne anstrengst. Alles, was deine Hand, solange du Kraft hast, zu tun vorfindet, das tu! Denn es gibt weder Tun noch Rechnen noch Können noch Wissen in der Unterwelt, zu der du unterwegs bist" (Koh 9,7-10).

Menschliches Leben ist Gemeinschaft. Gott ist Gemeinschaft. Jesus ist in die Gemeinschaft einer Familie hineingeboren worden.

Dass Weihnachten ein Gemeinschaftsfest ist, wird oft gerade denen schmerzlich bewusst, die alleine leben. Sie dürfen sich durch das Fest angesprochen und ermutigt fühlen, Gemeinschaft zu suchen. Fühlen Sie sich ermutigt, den Blick auf das Leben in einer kleinen überschaubaren Einheit zu lenken und dieses Leben in Offenheit für Gott und im Bewusstsein des Endes zu gestalten, wenn möglich mit einem Partner, den Sie lieben.

10

Die einen Lebenspartner suchen – Rut

Wer träumt nicht von einem Partner oder einer Partnerin fürs Leben? Sowohl die, die noch oder wieder alleine leben: auf dass sie bald jemanden finden mögen, als auch die, die jemanden haben: auf dass sie mit dieser Person tatsächlich lebenslang zusammenbleiben. Insbesondere die, die zu zweit alt geworden sind: auf dass sich der Zustand der Partnerschaft gerade im Alter lange erhält.

Von einer für uns eher ungewöhnlichen Partnerschaft fürs Leben ist im Buch Rut zu lesen. Die Schwiegertochter Rut sagt ihrer Schwiegermutter Noomi zu, dass sie lebenslang bei ihr bleiben will: „Wohin du gehst, dahin gehe auch ich, und wo du bleibst, da bleibe auch ich … Wo du stirbst, da sterbe auch ich, da will ich begraben sein" (Rut 1,16b.17a). Und zwischen die Aussage vom gemeinsamen Leben und gleichen Sterbeort fügt sie die formelhaften kurzen Sätze: „Dein Volk ist mein Volk und dein Gott ist mein Gott" (Rut 1,16c).

Die beiden Frauen sind auf dem Weg von Moab nach Israel. Ins Nachbarland Moab war die Israelitin Noomi mit ihrem Mann und zwei Söhnen aufgrund einer Hungersnot ausgewandert. Dort hatten ihre Söhne geheiratet, einer die Moabiterin Rut. Später starben Noomis Mann und auch ihre beiden Schwiegersöhne. Noomi wollte in ihre Heimat zurückgehen, um dort ihren Lebensabend zu verbringen. Sie glaubte, Rut ist jung genug, um in deren Heimat Moab einen zweiten Mann zu finden. Deshalb riet sie Rut, in Moab zu bleiben. Aber dann sprach diese die

Worte vom lebenslangen Miteinander, dem Noomi endlich zustimmte.

Haben Sie schon an einer Hochzeitsfeier teilgenommen, an der dieser Text verlesen wurde? Jedenfalls wird er häufig zu Eheschließungen vorgetragen. Mich hat immer ein wenig gestört, dass es bei der Hochzeit um Mann und Frau, im Text aber um Schwiegermutter und Schwiegertochter geht. Welche Braut träumt schon bei ihrer Hochzeit von einem lebenslangen Miteinander mit der Schwiegermutter? Und welcher Bräutigam denkt bei seiner Hochzeit an eine möglichst lebenslange Partnerschaft mit seinem Schwiegervater? Übersieht man jedoch diese Unähnlichkeit, passt der Text sehr gut zur Situation der Eheschließung. Einmal wegen der Hoffnung auf die lebenslange Partnerschaft. Diese wird nicht nur vage formuliert, sondern durch das gemeinsame Gehen, Bleiben und Sterben ausgefaltet. Auch der völkerverbindende Charakter der Partnerschaft bei Personen unterschiedlicher Volkszugehörigkeit wird ausgedrückt. Und zugleich klingt damit die Hoffnung auf etwas an, das Familien verbindet und sonstige Grenzen überwindet. Nicht zuletzt wird thematisiert, dass in lebenslanger Partnerschaft sich der eine dem anderen auch in Fragen des Glaubens annähern kann. Vielleicht sogar – wie hier Rut – den Glauben der Partnerin oder des Partners übernimmt.

Rut – ein Vorbild für alle, die eine lebenslange Partnerschaft suchen? Ein Vorbild darin, sich bewusst in dieser Partnerschaft unter den Schutz des Gottes Israels – der ihr zuvor nicht vertraut war – zu stellen? Ja, aber sie ist noch mehr. Im Laufe des Buches Rut wird erzählt, wie sie in Israel einen neuen Mann findet. Er heißt Boas. Mit ihm bekommt sie einen Sohn, der den Namen Obed erhält.

Obed wurde später der Vater von Isai und Isai der Vater von König David (vgl. Mt 1,5-6).

Bibelkundige Theologen sagen: Die gesamte Rut-Erzählung laufe auf die Feststellung hinaus, dass Ruts Sohn Obed der Großvater von König David und damit Teil der Heilsgeschichte Israels ist. Diese findet mit Jesus Ende und Höhepunkt.

Wenn nun in Gottesdiensten im Advent der Stammbaum Jesu rezitiert wird, soll damit nicht ein simpler Ahnennachweis geführt werden etwa nach dem Muster von Hobby-Ahnenforschern. Vielmehr wird der Hinweis gegeben, dass und wie Gott schon zuvor zum Volk Israel gesprochen hat. Es wird eingeladen, die Botschaft Gottes an die „Ahnen" Jesu und die Botschaft der „Ahnen" selbst als Facetten der Heilsgeschichte zu verstehen, die je auf ihre Weise auf den Neugeborenen hinweisen. Übrigens: Rut lebte nicht irgendwo in Israel, sondern in ebendiesem Betlehem.

In der Geburt des Kindes von Betlehem zeigt sich Gott menschlich und nah. Sich mit Rut auf diese Feier vorbereiten, könnte heißen, darüber zu meditieren: Wie zeigte sich, dass Gott mein ganzes bisheriges Leben lang so menschlich und nah mit mir ging?

Die schwach sind – David

Wenn Sie den Namen „König David" hören, woran denken Sie? An den großen König, Krieger und Feldherrn in der Geschichte Israels? An seinen sprichwörtlich gewordenen Sieg, den er als Hirtenjunge mit einer Steinschleuder über den gepanzerten (riesen-)großen Philister-Vorkämpfer Goliat errungen hat? An seine Frauengeschichten, beispielsweise an die unrühmliche mit Batseba, die er beim Bad beobachtete und deren Mann Urija er im Krieg umkommen ließ? An seine Tanz-, Sanges- und Dichtkünste, die ihn vor der Lade Gottes tanzend zeigen und aufgrund derer ihm die Autorenschaft eines Großteils der Psalmen zugeschrieben werden? Oder denken Sie auch an David, den Musiktherapeuten?

Als Letzterer wird er in jungen Jahren gezeigt. Zu jener Zeit hatte König Saul Siege und Niederlagen hinter sich. Von Saul war der Geist des Herrn gewichen, heißt es. Saul kämpfte gegen böse Gedanken an und litt möglicherweise an Depressionen. In dieser Situation schlagen ihm seine Diener eine Musiktherapie mit Hilfe eines Saiteninstrumentes vor. Sie könnten einen Mann suchen, der die Zither zu spielen versteht. Wenn es dem König schlecht geht, solle der Mann spielen, damit so seine Leiden gelindert würden. „Dann wird es dir wieder gut gehen", so die Hoffnung der Diener (1 Sam 16,16b). Der König befahl einen solchen Mann zu suchen. Ein Diener kannte schließlich David und konnte diesen empfehlen. Auf diese Weise kam David an den Königshof von Saul.

Die Musiktherapie muss zunächst wohl erfolgreich gewesen sein, denn David spielte dort jeden Tag (vgl. 1 Sam 18,10). Schließlich schlägt sie nicht mehr an. König Saul wirft sogar mit einem Schwert nach David, woraufhin er vor Saul flieht.

David setzt seine künstlerischen Fähigkeiten nicht (nur) zur Unterhaltung oder zum Broterwerb ein, sondern zur Therapie, zur Heilung. Beim Tanz vor der Lade spielt er zum Lob Gottes.

Im Vergleich zur Rolle des Königs, des Kriegers und des Feldherrn ist die des Musiktherapeuten eine sehr schwache. Eine verletzliche Rolle. Sie führt schließlich zu Davids Flucht.

Bis heute ist die Rolle der Musiktherapeuten eine schwache. So gehört trotz des großen Gesundheitsmarktes Musiktherapie in Deutschland nicht zu den Verfahren, deren Kosten in der Regel von den Krankenkassen übernommen werden. Daran haben auch wissenschaftliche Studien über die Wirksamkeit dieser Therapieform bei zahlreichen gesundheitlichen Problemen nichts geändert.

Ist es angemessen, angesichts der besonderen Bedeutung von David – als einer der großen Könige Israels – hier nicht ausführlicher über seine politischen und militärischen Aktivitäten nachzudenken? Ist es nicht seltsam, sich stattdessen mit seinem kurzen Intermezzo in Jugendjahren als Musiktherapeut aufzuhalten? Nein, gerade in der Vorbereitung auf die Geburt des Sohnes Davids ist es bedeutsam, sich bewusst zu machen: Das Kleine und das Schwache hat Gott erwählt, um es stark zu machen.

David aus Betlehem war in der Rolle des Musiktherapeuten so schwach, dass er fliehen musste. Er konnte sich nicht lange halten. Interessanterweise sah König Saul, dem alle Macht zur Verfügung stand, das ganz anders. „David spielte wie jeden Tag. Saul hatte den Speer in der Hand. Saul schleuderte den Speer und dachte: Ich will David an die Wand spießen! Aber David wich ihm zweimal aus" (1 Sam 18,10b-11).

Dann heißt es überraschenderweise: „Und Saul begann sich vor David zu fürchten" (1 Sam 18,12a). Eigentlich würde man erwarten, dass der Diener sich vor dem König zu fürchten beginnen würde, wenn der versucht, ihn aufzuspießen. Stattdessen fürchtet sich Saul vor David.

Saul weiß um seine eigene Schwäche, die des vermeintlich Starken. Und er erkennt die Stärke des rollenmäßig Schwachen, des Dieners und Musiktherapeuten David, weil er merkt, dass der Herr mit ihm ist.

David mit seiner schwachen Seite wie auch die Geburt des schwachen Kindes Jesus fordern uns auf, genau zu schauen: Was ist schwach, was stark? Machen wir uns bewusst: Gerade das Kleine und das Schwache hat Gott erwählt, um das Starke zuschanden zu machen (vgl. 1 Kor 1,27).

12

Die einen schweren Schlag erlitten –
Susanna

Immer wieder hören wir von „Schicksalsschlägen": ein Unfall, der plötzliche Tod eines lieben wichtigen Menschen, ein unerwartetes trauriges Ereignis, unerwartete Arbeitslosigkeit, eine Naturkatastrophe. Dann kommen Gedanken wie: Warum gerade ich? Warum einer wie dieser? Warum unsere Familie? Ein einfaches Zurück in den Zustand davor gibt es nicht mehr. Das gilt auch für Menschen, die Opfer von Kriegen, militärischen Auseinandersetzungen oder Anschlägen geworden sind. Insbesondere müssen auch Kinder, Jugendliche oder Erwachsene, die Opfer sexueller Gewalt wurden, mit einem derartigen Schlag umgehen. Diese Art von Gewalt oder sexuellem Missbrauch zeigt sich bei Kriegsereignissen, aber auch hierzulande in Schulen und Vereinen, beim Sport, im privaten Bereich und leider auch in der Kirche. Manche Berichterstattung mag überziehen, manche beschwichtigen oder gar leugnen. Es gibt angesichts all dieser Fälle keine Entschuldigung für Täter und jene, die Taten gedeckt oder begünstigende Strukturen nicht abgebaut haben.
Aber die Bibel zeigt auch, dass derartige Phänomene immer schon existierten. So erzählt das Buch Daniel die Geschichte von Susanna (Dan 13,1-64). Sie lebte in Babylon zu der Zeit, als die jüdische Oberschicht dorthin verschleppt war. Sie war sehr schön und fromm und mit einem reichen Mann namens Jojakim verheiratet. Viele Juden kamen in das Haus des Jojakim, weil er der Angesehenste von allen war. Als Richter amtierten in jenem Jahr zwei Älteste aus

dem Volk. Auch sie hielten sich regelmäßig im Haus Jojakims auf. Die beiden Ältesten sahen Susanna täglich und verliebten sich in sie. Sie lauerten der Frau heimlich im Garten auf, als diese ein Bad nehmen wollte. Sie bedrängten sie und wollten sie zwingen, mit ihnen zu schlafen. Sie drohten, sie ansonsten zu beschuldigen, Ehebruch mit einem jungen Mann begangen zu haben. Doch Susanna blieb standhaft, weigerte sich und schrie. Die beiden Ältesten riefen ebenfalls lautstark, ließen Susanna verhaften und erklärten, sie beim Ehebruch überrascht zu haben. Daraufhin hielten sie öffentlich über Susanna Gericht und verurteilten sie zum Tode. „Die versammelte Gemeinde glaubte ihnen, weil sie Älteste des Volkes und Richter waren, und verurteilte Susanna zum Tod" (Dan 13,41b).

Susanna rief laut zu Gott. Als sie zur Hinrichtung geführt wurde, erweckte Gott den Heiligen Geist in einem jungen Mann namens Daniel. Er forderte ein Verhör der beiden Zeugen und eine Prüfung der Beweise. Dann fragte Daniel die beiden Ältesten unabhängig voneinander, unter welchem Baum Susanna ihren Mann betrogen habe. Während der eine angab, sie habe es unter einer Zeder getan, sagte der andere, es sei unter einer Eiche gewesen. Da erkannten alle, dass die beiden Lügner waren. Susanna kam frei. Die beiden falschen Zeugen aber wurden getötet.

Es fällt ins Auge: Mächtige missbrauchen hier ihre Macht. Als das auffliegt, geben sie es nicht zu, sondern nutzen die Strukturen, setzen auf Intrige und decken sich gegenseitig. Was mit dem Opfer geschieht, ist ihnen völlig egal.

Bemerkenswert an dieser Erzählung finde ich, dass hier das Opfer einen Namen hat: Susanna. Sie gerät völlig unvorbereitet und ohne eigenes Zutun in die Sache hinein. Sie wendet sich auch dann noch an Gott, als es völlig aussichtslos erscheint. Gott erweckt den Heiligen Geist in einem jungen Mann namens Daniel, der bis dahin nichts mit der Sache zu tun hat. Er greift beherzt ein, ohne dass ihn eine menschliche Instanz dazu autorisiert. Er zeigt Mut und Verstand und rettet somit Susanna. Sie hat Glück, aber was bleibt bei ihr von dem Vorfall zurück?

Was hat all dies mit Advent und Weihnachten zu tun?
Die Weihnachtserzählung im Matthäusevangelium richtet auch den Blick auf Menschen, die ohne eigenes Verschulden Opfer von Gewalt durch König Herodes geworden sind. Aus Zorn darüber, dass er sich von den Sterndeutern getäuscht sah, ließ er „in Betlehem und der ganzen Umgebung alle Knaben bis zum Alter von zwei Jahren töten" (Mt 2,16b). Ungerecht war das. Warum gerade sie? Welcher Schmerz wurde über sie und ihre Familien gebracht? Hätte das nicht verhindert werden können?
Die Szene zeigt: Auch Opfer von Gewalt sind eingeschlossen in das Weihnachtsgeschehen. Sie sind nicht vergessen. Es wird ihrer gedacht, auch wenn es keine zufriedenstellenden Erklärungen für ihr Leid gibt. Ihr Leid wird gesehen und nicht verschwiegen.

Das Bild von Marc Chagall auf dem Deckel dieses Buches zeigt nicht zufällig Maria mit dem Kind ganz dicht neben, wenn nicht gar unter dem Kreuz Jesu stehend. Theologisch ist der Kindermord zu Betlehem auch ein Hinweis auf den grausamen Tod des unschuldigen Jesus am Kreuz. Es ist der Wunsch, der Glaube und hoffentlich auch Trost: Alle aus der Kindheitsgeschichte Jesu und alle, die bis heute von einem schweren Schlag getroffen worden sind, werden vom Erlösungswerk am Kreuz umfasst.

13

Die Licht für andere sind – Jesaja

Der greise Simeon erkannte im neugeborenen Kind Jesus ein Licht: „Meine Augen haben das Heil gesehen, das du vor allen Völkern bereitet hast, ein Licht, das die Heiden erleuchtet, und Herrlichkeit für dein Volk Israel." (Lk 2,30-32)

„Ich mache dich zum Licht der Nationen;
damit mein Heil bis an das Ende der Erde reicht." (Jes 49,6b)

Das Licht für die Völker wird bereits lange vor Simeon im zweiten Gottesknechtslied des Buches Jesaja angekündigt und als Prophezeiung ausgesprochen.

Paulus und Barnabas erklärten: „... wir wenden uns jetzt an die Heiden. Denn so hat uns der Herr aufgetragen: Ich habe dich zum Licht für die Völker gemacht, bis an das Ende der Erde sollst du das Heil sein." (Apg 13,46b-47)

Wer ist nun das Licht für die Völker? Im Buch Jesaja ist es der Prophet, der Gottesknecht. Dieses alttestamentliche Buch richtet den Blick auf das auserwählte Volk Israel und weitet ihn dann auf andere Völker. Gott macht den Propheten zum Licht, damit Gottes Heil bis ans Ende der Erde reicht.

Für Simeon ist der neugeborene Jesus von Nazaret das Licht für die Heiden und Herrlichkeit für das Volk Israel.

Dann sagen Paulus und Barnabas, „uns" habe der Herr aufgetragen: „Ich habe dich zum Licht für die Völker gemacht." Warum einmal „uns" und dann „dich"? Zitieren beide nur die Prophetie und bringen sie in Erinnerung? Oder wird nun behauptet, dass Gott Paulus und Barnabas zum Licht für die Völker gemacht hat? Oder geht es gar nicht um die beiden Männer persönlich, sondern um die Anhängergemeinde Jesu insgesamt? Dann ist die Botschaft – und dies scheint am plausibelsten: Gott hat uns Jesus-Nachfolger/innen die Verkündung aufgetragen, er habe Jesus von Nazaret zum Licht für alle Menschen und Völker gemacht; Jesus soll bis an das Ende der Erde das Heil sein.

Schließlich können das Heil ja nicht Paulus oder Barnabas sein. Oder doch? Inhaltlich natürlich nicht. Aber was ist ein noch so guter Inhalt, wenn er nicht mitgeteilt, erzählt, verständlich gemacht wird? Den selbstbewussten Aposteln wird das klar gewesen sein, ohne dass sie auch nur im Geringsten ihre Verkündigungsaufgabe mit dem Lebenswerk Jesu auf eine vergleichbare Ebene hätten stellen wollen.

Ich habe einen Missionar auf den Philippinen kennengelernt, der seine Tätigkeit in dem Inselreich mit dem Text aus dem Jesajabuch skizzierte und selbstbewusst von sich sagte: „Hört auf mich, ihr Inseln, merkt auf, ihr Völker in der Ferne! Der HERR hat mich schon im Mutterleib berufen; als ich noch im Schoß meiner Mutter war, hat er meinen Namen genannt" (Jes 49,1). Dieser Missionar machte deutlich: Wer Jesus als Licht der Völker erkannt hat, wer für etwas Gutes und Lebenswichtiges eintritt, darf das auch mit entsprechendem Selbstbewusstsein tun. Diese Haltung ist auch bei Paulus und Barnabas erkennbar. Sie darf auch von heutigen Christen und Christinnen gezeigt werden.

Der neugeborene Jesus wurde zum Licht für andere. Paulus erinnert, dass Gott auch ihn zum Licht für die Völker gemacht hat. Christen und Christinnen sind eingeladen, den Advent zu nutzen, um anderen zum Licht zu werden.

14

Die ihre Gewohnheiten ändern – Petrus

Wie finde ich als Christ zu einem angemessenen Selbstbewusstsein? Petrus, der wichtigste unter den Jüngern Jesu, lässt einen Einblick in einen solchen Findungsprozess zu. Und zwar am Beispiel der Essgewohnheiten. Diese bestimmen den Alltag und das gesamte Leben. Sie können Ausdruck einer persönlichen Haltung und Identität sein, beispielsweise wenn sich jemand als Vegetarier versteht. Speisevorschriften können auch Teil der Haltung oder Identität einer Religionsgemeinschaft sein. So gehen die Essensvorschriften der Juden auf Reinheitsvorstellungen zurück. Die Aufzählung im 3. Buch des Alten Testaments beginnt grundsätzlich: „Das sind die Tiere, die ihr von allem Vieh auf der Erde essen dürft: Alle Tiere, die gespaltene Klauen haben, Paarzeher sind und wiederkäuen, dürft ihr essen" (Lev 11,2-3). Und dann wird immer detaillierter aufgezählt, was als rein gilt, was als unrein. Kamel: unrein; käut wieder, aber keine gespaltenen Klauen. Wildschwein: unrein; gespaltene Klauen, Paarzeher, aber käut nicht wieder. Es geht über Regeln für Wassertiere und Vögel bis hin zu Kleintieren wie Insekten, Lurchen und Reptilien. Außer verschiedene Heuschreckenarten gelten die meisten Kleintiere als unrein, „abscheulich" und dürfen nicht gegessen werden. An diese Regeln halten sich Juden. Auch Petrus richtet sich danach – sein gesamtes bisheriges Leben lang. Dann hat er diesen Traum, eine Vision. Ein Tuch, das an den vier Ecken gehalten wird, kommt vom Himmel herunter. Im Tuch sind alle möglichen Vierfüßer, Kriechtiere und Vögel. Und eine Stimme ruft ihm zu: Petrus, schlachte und iss! Wie im Reflex sagt Petrus: „Niemals, Herr! Noch nie habe ich Unheiliges oder Unreines gegessen!" Da sagte die Stimme: „Was Gott für rein erklärt, nenne du nicht unrein!" Das geschah dreimal. Dann wurde das Tuch nach oben gezogen (vgl. Apg 10).

Ein Traum, eine Vision, die wohl viele Menschen nachdenklich machen würde. Was ein Leben lang richtig war, soll plötzlich falsch sein. Und das wird mit höchster – göttlicher – Autorität gesagt: „Was Gott für rein erklärt, nenne du nicht unrein!" Eigentlich bedürfte es einer längeren Nachdenkzeit und einer Entscheidung. Aber das Thema Essen steht sofort wieder an. Ich muss mich entscheiden: Entweder ich verhalte mich wie bisher. Oder ich werfe meine Essgewohnheiten völlig über den Haufen.

Bei Petrus kommt hinzu: Er ist kein Privatmann. Er ist ein religiöser Führer, dessen Verhalten von vielen anderen genau beobachtet wird. Schon Eltern oder Erzieher/innen in einer Kita können ihre Essensgewohnheiten kaum unbemerkt umstellen. Kinder verlangen Erklärungen. Von Petrus erwarten andere Juden – christlich geworden oder nicht – gut begründete Erklärungen, sollte er sein Verhalten ändern.

Ihm wird eine noch grundsätzlichere Erklärung abverlangt. Der römische Hauptmann Kornelius lässt Petrus holen und bittet ihn, ihm – Kornelius – zu sagen, was Gott ihm mitzuteilen hat. Dabei ist es Juden schon nicht erlaubt, mit einem Nichtjuden zu verkehren oder sein Haus zu betreten. Kornelius ist aber ein gerechter und gottesfürchtiger Mann und steht beim Volk der Juden in gutem Ruf. Petrus wird klar, dass von ihm ein Schritt verlangt wird, der über Speisevorschriften hinausgeht. Was Gott für rein erklärt, nenne du nicht unrein! Das gilt auch für den Umgang mit – nichtjüdischen – Menschen. Petrus nimmt sechs Brüder aus Joppe mit und geht zwei Tage lang, bis er zu Kornelius' Haus gelangt. Dort lässt er sich auf die Begegnung mit Kornelius ein. Er hält vor ihm, den eingeladenen Verwandten und Freunden eine Rede und spricht über Jesus von Nazaret.

Und während dieser Ansprache passiert etwas Weiteres. Der Geist Gottes kommt auf alle herab, Juden und Nichtjuden. Sie reden in „Zungen". Was Gott für rein erklärt, nenne du nicht unrein! Das gilt auch für den Umgang unter den Menschen, die Jesus folgen. Petrus ordnet an, auch die Nichtjuden im Namen Jesu Christi zu taufen (vgl. Apg 10).

Für die Vorbereitung auf das Fest der Geburt Jesu kann das heißen: Bin ich gefasst auf eine völlig neue, nicht erwartete Botschaft an mich? Eine Botschaft, die die Konsequenz aus dem Glauben an diesen Jesus ist? Wie reagiere ich? Kann ich mein Leben auch bei einschneidenden Themen radikal ändern? Immer wieder ist von Menschen zu hören, denen etwa aus gesundheitlichen Gründen dringend geraten wird, ihre Lebensgewohnheiten radikal umzustellen, die das aber nicht wollen oder können. Petrus wird hier zum Vorbild und zum Mutmacher.

Weihnachten bringt eine gänzlich neue Botschaft: Gott wird Mensch. In der Vorbereitung auf das Fest kann ich mich fragen: Bin ich gefasst auf eine völlig neue, unerwartete Botschaft an mich? Kann ich mein Leben radikal ändern? Petrus zeigt: Lebensgewohnheiten radikal ändern kann funktionieren!

15

Die sich mutig engagieren – Paulus

Aber auch Petrus ist umgekippt. Mutig, auf die innere Stimme hörend, aufgeschlossen für Neues – so erscheint Petrus gegenüber Kornelius. Und dann das: Alles Berufen auf Gottes Geist, das Durchsetzten gegen „Murren" der Gemeinde, sämtliche Erklärungen gegenüber den Brüdern – gilt all das nicht mehr? Durch seine eigene Vision und die Erfahrung im Haus des Kornelius war Petrus überzeugt: Wer als Heide Christ werden will, muss nicht vorher Jude werden, muss sich nicht an die jüdischen Gesetze halten. Ein Getaufter – egal ob mit heidnischem oder jüdischem Hintergrund – ist nicht an jüdische Reinheits- oder Umgangsregeln gebunden.

Und was macht Petrus, als er die Gemeinde in Antiochia besucht? Er handelt zunächst genau nach dieser neuen Freiheit. Als Christ – und von Geburt an Jude – isst er mit Heiden, die Christen geworden waren. Genau wie zuvor mit Kornelius. Dann kommen andere aus der Jerusalemer Gemeinde: Leute um Jakobus, eher Hardliner, Konservative, Bewahrer, solche, die auf die jüdische Tradition achten. Petrus nimmt feinfühlig wahr, wie Jakobus das Essen mit Nichtjuden ablehnt.

Jakobus weiß, dass getaufte Juden mit Heidenchristen essen. Er hatte damals dem sogar zugestimmt, als Petrus von der Taufe des Kornelius berichtet hatte. Weil Jakobus selbst und sein Kreis dies persönlich kaum erlebt bzw. oft bewusst gemieden haben, fehlt ihnen diese Erfahrung. Sie spüren, dass es eigentlich richtig ist, wollen es aber nicht wahrhaben. Mit Wortklaubereien wollen sie sich von der neuen Praxis absetzen. Sie sagen untereinander: Eigentlich haben wir dem damals gar nicht zugestimmt. Wir haben nur gesagt: Gott hat also auch den Heiden die Umkehr zum Leben geschenkt (vgl. Apg 11,18).

Mit dieser starken Gruppe will sich Petrus nicht anlegen. Er nimmt zwar durch Worte nichts von der neuen Lehre, von seiner Theologie zurück. Praktisch verhält er sich aber so. Er und andere mit ihm essen plötzlich nicht mehr mit den Heiden.

Und dann kommt Paulus mit seiner sehr klaren Wahrnehmung und direkten Art. Er tritt der religiösen Autorität Petrus offen in Gegenwart aller entgegen. Er benennt das Verhalten des Petrus, rügt es, wertet und deutet das, was von Petrus nicht gesagt, wohl aber getan wurde. Er nimmt dessen Verhalten geradezu auseinander, nimmt dabei kein Blatt vor den Mund und stellt Petrus regelrecht bloß. Und weiter: Er nimmt das zweideutige Verhalten, das Fehlverhalten zum Anlass, um die Lehre, die Petrus einst aufgestellt hatte, noch viel ausführlicher zu begründen.

Später beschreibt Paulus die Situation so: „Als Kephas aber nach Antiochia gekommen war, habe ich ihm ins Angesicht widerstanden, weil er sich ins Unrecht gesetzt hatte. Bevor nämlich einige von Jakobus eintrafen, hatte er mit den Heiden zusammen gegessen. Nach ihrer Ankunft aber zog er sich zurück und sonderte sich ab, weil er die aus der Beschneidung fürchtete. Und mit ihm heuchelten die anderen Juden" (Gal 2,11-13a).

Es entsteht geradezu der Eindruck, dass Petrus damals die neue Lehre aus der Situation heraus zwar aufgestellt, die Tragweite aber nicht voll erfasst hat. Ganz anders Paulus: Für ihn wird diese Lehre so bedeutsam, dass sie wesentlicher Baustein seines Denkens und Handeln wird. Abstriche davon bringen ihn auf die Palme. So entlarvt er rücksichtslos jedermann – auch jede religiöse Autorität wie Petrus –, der Abstriche daran vornehmen könnte.

Das klare Verhalten des Paulus, dem Freund bzw. der Autorität offen entgegenzutreten, ist ein wichtiges Element für jede Gemeinschaft. Häufig wird es aus Menschenfurcht oder Vorteilsdenken vermieden. Wenn es fehlt, führt das aber zu Unaufrichtigkeit, Heuchelei, Reformstau und falscher Autoritätshörigkeit. Von der Sache her hat sich das Streitthema in der Christenheit genau in Paulus' Sinne durchgesetzt. In seinem Engagement, seiner Geradlinigkeit und Unerschrockenheit auch gegenüber religiösen Autoritäten ahmt Paulus Jesus unübertroffen nach.

Jesus war engagiert, geradlinig, unerschrocken und authentisch. Paulus ahmt ihn darin nach. So fordert er uns in der Zeit der Vorbereitung auf die Geburt Jesu zum Nachdenken auf: Wie verhalte ich mich, wenn ich unakzeptables Verhalten bei anderen wahrnehme? Trete ich offen für meine Überzeugungen ein? Oder habe ich Angst vor Nachteilen? Ziehe ich mich ins Private zurück? Scheue ich die Auseinandersetzung? Jesus war authentisch und gleichzeitig präsent. Paulus ebenso. Und ich?

16

Die ihre Möglichkeiten nutzen – Paulus

Geradlinigkeit führt zwangsläufig auch zu Auseinandersetzung und Streit. Über Konflikte und Spannungen in Politik und öffentlichem Leben ist häufig in den Medien zu lesen. Das kann zur Schwächung bis hin zur Zerstörung einer Partei oder Organisation führen. Wie ist es in der Kirche? Manche vertreten die Auffassung: In der Kirche ist es wie in der Familie. Streit wird intern und nicht öffentlich ausgetragen. Andere glauben gar, in der Kirche käme man ganz ohne Streit aus. Von einer Auseinandersetzung in der frühen Zeit der Kirche berichtet folgender Text:

„Nach einiger Zeit sagte Paulus zu Barnabas: Wir wollen wieder aufbrechen und sehen, wie es den Brüdern in all den Städten geht, in denen wir das Wort des Herrn verkündet haben. Barnabas wollte auch den Johannes, genannt Markus, mitnehmen; doch Paulus bestand darauf, ihn nicht mitzunehmen, weil er sie in Pamphylien im Stich gelassen hatte, nicht mit ihnen gezogen war und an ihrer Arbeit nicht mehr teilgenommen hatte. Es kam zu einer heftigen Auseinandersetzung, sodass sie sich voneinander trennten; Barnabas nahm Markus mit und segelte nach Zypern. Paulus aber wählte sich Silas und reiste ab, nachdem die Brüder ihn der Gnade des Herrn empfohlen hatten. Er zog durch Syrien und Kilikien und stärkte die Gemeinden" (Apg15,36-41).

Worum ging es bei dem Streit? Vordergründig ging es bei Paulus und Barnabas darum, ob Markus geeignet ist, an einer weiteren gemeinsamen „Dienstreise" teilzunehmen. Sicher kann die Teilnahme an einer Arbeitsreise eine wichtige Frage sein. Aber nur an solcher Frage gerät man gewöhnlich nicht in derart heftigen Streit, dass die Kontrahenten anschließend getrennte Wege gehen. Von inhaltlichen Differenzen ist nichts zu lesen. Es ging – menschlich gesprochen – letztlich um die Macht. Wer setzt sich durch? Wer bestimmt den künftigen Weg? Wer hat in entscheidenden Fragen das letzte Wort?

Bisher hatten Paulus und Barnabas manchen gemeinsamen Kampf durchgestanden. Zusammen traten beide für die Heidenmission ohne Umweg über das Judentum ein. Gemeinsam überbrachten sie im Auftrag der Gemeinde eine Spende nach Judäa. Zusammen überstanden sie eine weite Missionsreise in neue Gebiete. Beide gehörten einer Gruppe an, die das Ergebnis des Apostelkonzils – einer Versammlung in Jerusalem – der Gemeinde in Antiochia mitteilte.

Aber bei all diesen gemeinsamen Aktionen traten auch Unterschiede zu Tage. Viele Jahre zuvor, kurz nach der Bekehrung des Paulus, hatte Barnabas sein Talent erkannt und ihm die Türen zu den anderen Aposteln geöffnet (Apg 9,27). Mit der Zeit aber wurde Paulus zum Wortführer. Von ihm wird berichtet, dass er z. B. in Lystra predigte und einen Gelähmten heilte. Die Menge nannte dann den Barnabas Zeus, den Paulus aber Hermes, weil er der Wortführer war. Später steinigte die Volksmenge Paulus und schleifte ihn zur Stadt hinaus in der Meinung, er sei tot. Als aber die Jünger ihn umringten, stand er auf und ging in die Stadt (Apg 14). Von Barnabas wird dergleichen nicht berichtet. Paulus muss es auch sehr missfallen haben, dass Barnabas sich anstecken ließ, als Petrus mal mit den Heiden aß und dann nicht mehr (Gal 2,13).

Um welche Art von Macht geht es bei dem Streit? Nicht um ökonomische, politische oder militärische. Es geht um die Macht in einer sich entwickelnden Organisation, um soziale Macht, um Organisationsmacht, die es heute genauso gibt wie in der jungen Kirche. Um Fragen wie:

- Wer spricht für die Organisation?
- Wer schätzt Situationen und Mehrheitsverhältnisse richtig ein?
- Wer hat gute Ideen für die Entwicklung der Organisation?
- Wer kann sich am besten eine Hausmacht in der Organisation aufbauen, andere um sich scharen und sie in Positionen bringen? Wer hält inhaltlich den Kurs und wird von den Organisationsmitgliedern als deren Sprecher anerkannt?
- Wie stark ist die religiöse Legitimation, sich über relevante Fragen der Gemeinde verbindlich zu äußern? Wer kann durch eigenes (religiöses) Verhalten von den anderen anerkannte (religiöse) Normen setzten?
- Wessen (religiöse) Statements und wessen Personalentscheidungen werden akzeptiert?
- Wer kann Themen und Diskussionen wirksam beenden? Wer traut sich, wem – offen oder verdeckt – zu widersprechen? Wer hat wie viele andere in strittigen Fragen auf seiner Seite?
- Wer wirbt mit welchen Mitteln und Argumenten für sich?

Es fällt auf, dass Paulus, obwohl er „nur" Apostel und kein Ältester oder fester Amtsinhaber einer Gemeinde vor Ort ist, über viel Macht verfügt. Er ist auch in dieser Hinsicht ein exzellenter Nachahmer Jesu, auf dessen Geburt wir in diesen Tagen erwartungsvoll schauen. Aus ihm wird kein religiöser Amtsinhaber, kein Synagogenvorsteher. Er wird kein Priester im Tempel. Er gründet keine neue jüdische theologische Schule. Dennoch verfügt er über ein Charisma, das ihm Macht verleiht. Biblisch gesprochen handelt er aus der Vollmacht Gottes.

Jesus und Paulus machen uns heute deutlich: Jeder Mensch hat Handlungsmöglichkeiten und Macht – auch ohne ein Amt zu bekleiden. Worin liegen meine Handlungsmöglichkeiten? Wie nutze ich sie?

17

Die für andere etwas bereitstellen – Petrus

Petrus soll „Menschenfischer" werden. Wer kennt diesen Ausdruck nicht? Die Evangelien verwenden das Wort in der Erzählung über die Berufung des Petrus: Als Jesus am Ufer des Sees von Galiläa entlangging, sah er die beiden Brüder Simon und Andreas ihre Netze auswerfen, denn sie waren Fischer. Er sagte zu ihnen: Kommt her, folgt mir nach! Ich werde euch zu Menschenfischern machen. Sogleich ließen sie ihre Netze liegen und folgten ihm (vgl. Mk 1,16-18). „Vom ‚Fische-Fischer' zum ‚Menschen-Fischer'" überschreibt deshalb ein Theologe seinen Kommentar dazu. Später heißt Simon dann Petrus. Und „Menschenfischer" wird sein Markenzeichen. Was aber kennzeichnet einen „Menschenfischer"? Es ist einer, der für eine gute Sache Menschen gewinnt. Einer, der erfolgreich für Gott und den Glauben wirbt. Jemand, der Menschen überzeugen kann. So einer soll Petrus gewesen sein und nach ihm viele Seelsorger, unter ihnen auch Päpste wie Johannes Paul II. oder Franziskus.

Später wurde das Wort „Menschenfischer" auch für andere verwendet: für Bundespräsidenten wie Joachim Gauck, für Künstler wie Popmusiker Neil Diamond oder Theaterregisseur Werner Düggelin. Aber auch für Arbeitgeber, die nach dringend benötigten Fachkräften suchen, und schließlich gar für Pädagogen mit Missbrauchsabsicht („pädophiler Menschenfischer").

Was ist also der Kern dessen, worum es im Evangelium geht? Im griechischen Originaltext steht „Fischer der Menschen". Das kann also bedeuten, dass der Fischer

Menschen fängt oder aber für Menschen etwas fängt, „Fischer für die Menschen" ist. Die Formulierung kann folglich auch so verstanden werden: Petrus soll seinen Beruf als Fischer aufgeben und fortan nicht mehr (nur) für seine Familie leibliche Nahrung beschaffen, sondern für die Menschen geistliche Nahrung bereitstellen. Worin die geistliche Nahrung besteht, das wird kurz zuvor gesagt: die gute Nachricht Gottes verkünden (Mk 1,14). „Fischer für die Menschen" – damit ist kein Vereinnahmen von Menschen gemeint. Wer möchte sich schon gerne fangen lassen und damit seine Freiheit einbüßen?

Petrus – vom Lebensmittelbeschaffer für seine Familie zum Bereitsteller echter geistiger Nahrung für alle Menschen. Das trifft den Kern seiner Berufung und Aufgabe besser als die Rede vom Menschenfischer oder gar Menschenfänger. Denn Jesus hat berufen und beauftragt, aber immer auch die Freiheit der Menschen respektiert. „Zur Freiheit hat uns Christus befreit" (Gal 5,1a). „Fischer für die Menschen" trifft auch den Kern dessen besser, wie Jesus von Nazaret sich gesehen und wie er seine Freunde gewollt hat: für andere da sein. „Pro-Existenz" nennen das Theologen. Wenn dann diese „Fischer für die Menschen" auch noch charismatisch sind, Ausstrahlung haben, andere überzeugen und begeistern können: umso besser!

Steht Petrus nun für Seelsorger oder besonders Herausgehobene? Ja, aber nicht nur. In Anlehnung an den schlesischen Dichter Angelus Silesius kann man sagen:

Es geht darum, dass Jesus nicht nur in Betlehem, sondern in dir geboren wird. Das bedeutet in diesem Zusammenhang: Spüre, was du bereitstellen kannst. Für dich und die Deinen, aber auch darüber hinaus für andere Menschen.

18

Die als Christen stigmatisiert sind – Natanael

Am 26.7.2016 wurde in der Normandie im Norden Frankreichs der 85-jährige katholische Priester Jaques Hamel während des Gottesdienstes ermordet. Die Tat wurde im Namen des sogenannten „Islamischen Staates" verübt. Tags darauf berichteten und kommentierten Zeitungen das Geschehene. Eine in diesem Zusammenhang mitgeteilte Information war: Der „Islamische Staat" male zum Beispiel in der nordirakischen Großstadt Mossul ein „N" an Häuser der Christen. Das heiße „Nazarener". So würden die Anhänger des „Islamischen Staates" Christen bezeichnen und ihre Ziele markieren.

N steht für Nazaret, die Stadt in Galiläa, im Norden Israels. N steht für Jesus, der in Nazaret aufwuchs. Er heißt deshalb auch „Jesus von Nazaret" und wird „Nazoräer" (vgl. Mt 2,23) genannt. N steht für Christen. Die Christen werden in der Apostelgeschichte auch „Nazoräersekte" genannt (vgl. Apg 24,5). N für Nazarener ist eine Stigmatisierung, eine Anprangerung, die diskriminieren und verächtlich machen soll.

Es scheint, als würde die Diskriminierung Nazarets schon im Neuen Testament, im Johannesevangelium, bezeugt. Es heißt dort, Philippus aus Betsaida habe Natanael aus Kana getroffen und zu ihm gesagt: „Wir haben den gefunden, über den Mose im Gesetz und auch die Propheten geschrieben haben: Jesus, den Sohn Josefs, aus Nazaret." Darauf entgegnet Natanael: „Kann aus Nazaret etwas Gutes kommen?" (Joh 1,45-46a).

Betsaida, Kana, Nazaret – drei Männer aus drei Orten einer Region. Das Ganze wirkt auf den ersten Blick fast ein wenig wie Lokalrivalitäten oder Regionalfrotzeleien. Im biblischen Zusammenhang ist Nazaret z. B. gegenüber Jerusalem die deutlich kleinere, jüngere, unbedeutendere Stadt. Und der Gedanke liegt nahe: Wie können die Vertreter der großen Stadt und der religiösen Tradition Jerusalems einen Ungebildeten von den nördlichen Landregionen überhaupt erst nehmen? Für diesen unerwarteten Underdog aus dem Norden steht Jesus mit seinem Gottesbild. Für einen Gott, der die Mächtigen vom Thron stürzt, die Niedrigen erhöht und die Hungernden mit seinen Gaben beschenkt (vgl. Lk 1,52-53). Für die Umkehrung überkommener jüdischer Vorstellungen und Werte steht Jesus; und dies symbolisiert auch Nazaret.

Und wofür stehen „N" und die „Christen von Mossul" in der Auseinandersetzung mit dem „Islamischen Staat"? Sie stehen für den Gegner, der vertrieben und vernichtet werden soll. Aber „N" stigmatisiert nicht nur die „Christen von Mossul". Es wird der Lebensstil der Christen weltweit und ihre Religion selbst bekämpft. Wie sollte der Mord eines Priesters in Europa während des Gottesdienstes durch Kämpfer des „Islamischen Staates" anders verstanden werden?

Dagegen steht das humane Ideal der sogenannten goldenen Regel, das in verschiedenen Religionen und Traditionen zum Ausdruck kommt: Alles, was ihr von anderen erwartet, das tut auch ihnen (vgl. Mt 7,12).

Es erheben sich für einen Nichtmuslimen allerdings auch Fragen an die Muslime insgesamt nach der Legitimität des Handelns im Rahmen des Islams: Ist derartiges Verhalten durch den Islam gedeckt? Wenn ja, wie stellen sich Muslime ein Miteinander mit Nichtmuslimen vor? Wenn nein, wie stellen sich Muslime in Wort und Tat gegen derartiges Handeln? Aber auch: Was können Christen angesichts der Anschläge von Christen auf Juden und Muslime tun?

Die Krippe, die Verfolgung durch Herodes und der Kindermord zu Betlehem deuten auf den Kreuzestod Jesu hin. Verfolgte Christen erfahren am eigenen Leib die Teilnahme am Leid Christ. Der Advent als Vorbereitung auf seine Geburt lädt ein zu überlegen, wie den verfolgten Schwestern und Brüdern Nächstenliebe und Solidarität gezeigt werden kann.

19

Die auf dem Weg sind – Kleopas

Das heute übliche Treiben vor Weihnachten ist ein Bild dafür, wie das Fest Menschen in Bewegung bringt. Auch die bekannten Weihnachtserzählungen bei Lukas und Matthäus zeigen Menschen unterwegs und in Bewegung: Maria und Josef von Nazaret nach Betlehem und später zum Tempel nach Jerusalem und nach Ägypten; die Hirten von den Feldern zur Krippe und zurück, die Sterndeuter aus dem Osten nach Betlehem und zurück. Wer unterwegs ist, kann sich dadurch selbst verändern oder wandeln lassen. Das zeigt exemplarisch auch die Emmaus-Geschichte.

So könnte eine Alltagsgeschichte lauten: Zwei Menschen sind auf dem Weg nach Hause. Sie gehen zu Fuß und sprechen miteinander über all das, was sich ereignet hat. Während sie so reden und ihre Gedanken austauschen, kommt eine dritte Person hinzu und schließt sich ihnen an. Sie erkennen nicht, wer das ist. Als die Person sie fragt, worüber sie auf ihrem Weg miteinander reden, bleiben sie stehen. Sie erzählen, warum sie traurig und enttäuscht nach Hause gehen. Der dritte fragt genauer nach und er legt ihnen seine Sicht der Dinge vor. So erreichen sie den Ort, zu dem sie unterwegs sind. Der dritte tut, als wolle er weitergehen, aber sie drängen ihn und sagen: „Bleibe bei uns; denn es wird Abend, der Tag hat sich schon geneigt" (Lk 24,29b). Da geht er mit, um bei ihnen zu bleiben. Und als sie bei Tisch sitzen und miteinander essen, lernen sie sich noch besser kennen. Als sie wieder alleine sind, wird den beiden bewusst, wie durch die Begegnung mit dem dritten ihre Erlebnisse in einem anderen Licht erschienen, wie er ihnen Hoffnung gemacht hat. Ihre ursprünglich bedrückte und enttäuschte Stimmung hat sich gewandelt.

Dies ist eine Geschichte von zwei Menschen, die in einer enttäuschten und hoffnungslosen Lage einem dritten begegnen. Durch das Gespräch, die Gastfreundschaft und das gemeinsame Essen mit dem dritten haben sie neue Perspektiven und sehen ihre verfahrene Situation wieder mit neuen Augen. Miteinander gehen, reden, Perspektiven austauschen, essen, einander zuhören, voneinander lernen. Eine Geschichte, die einlädt, das Leben mit anderen zu teilen und letztlich selbst davon zu profitieren. Eine Weggeschichte. Die Geschichte alltäglicher Lebenssituationen.

Die Geschichte ist aber mehr; nämlich eine Auferstehungs- und Eucharistiegeschichte! Im Lukasevangelium wird sie in einer etwas abgewandelten Form erzählt. Dort sind zwei Jünger Jesu unterwegs von Jerusalem in ein Dorf namens Emmaus. Auch dort erfahren wir am Beginn keinen Namen der handelnden Personen. Es könnte auch dort so jede und jeder gemeint sein. Erst später erfahren wir, dass einer von den beiden Kleopas heißt. Von der zweiten Person – Mann oder Frau – erfahren wir den Namen bis zum Schluss nicht. Jeder ist eingeladen, hier den eigenen Namen einzusetzen. Der dritte, der Unbekannte, gibt sich erst am Abend zu erkennen, als sie bei Tisch sitzen. Aber auch er nennt seinen Namen nicht. Vielmehr erkennen die beiden Jünger ihn an einem typischen Zeichen. Als sie bei Tisch sitzen, nimmt er das Brot, spricht den Lobpreis und gibt es ihnen. Da gehen den beiden die Augen auf und sie erkennen ihn.

Die Jünger erfahren den von den Toten auferstandenen Jesus als einen Lebenden. Das ist die ursprüngliche Absicht der Geschichte. Es ist eine Geschichte, die zeigt, dass

Jesus von den Toten auferstanden ist und wieder lebt. Jeder kann ihm in seinem Alltag begegnen. Später wurde den Hörern und Lesern dieser Begegnung auch bewusst: Diese Geschichte stellt die Kennzeichen der christlichen Gemeinde, der Kirche und des christlichen Gottesdienstes dar: Schriftlesung, Brotbrechen, Gemeinschaft.

Der Fußweg der beiden Wanderer kann auch als Symbol für den Lebensweg gesehen werden, auch für den Lebensweg als (Ehe-)Paar. Sie teilen Hoffnungen und Enttäuschungen, das Auf und Ab des Lebens. An manchen Stellen wird ihnen bewusst, wie Jesus bei ihnen ist, Kraft, Lebensdeutung und neuen Mut gibt. Sie ahnen, dass das Leben ohne ihn ziemlich grau aussehen könnte. Grau wie in der Abenddämmerung. Deshalb ihre Bitte: „Bleibe bei uns; denn es wird Abend, der Tag hat sich schon geneigt!" Was sie erleben, ist ihnen unbewusst präsent, aber erst durch seine Deutungen wird es ihnen klar. „Brannte uns nicht das Herz in der Brust, als er mit uns redete?" Sein Bleiben und die Gemeinschaft mit ihm geben dann auch wieder Kraft für den weiteren Weg. Noch in derselben Stunde brechen sie wieder auf.

„Bleibe bei uns; denn es wird Abend, der Tag hat sich schon geneigt!" Diese Worte weisen auch auf das Lebensende hin. Die Bitte spricht die Hoffnung aus, dass Jesus auch nach diesem Leben mit uns weiterlebt.

Weihnachten bringt Menschen in Bewegung. Welche Bewegungen setzt die Adventszeit bei mir frei? Wer unterwegs ist, kann sich dadurch selbst verändern oder wandeln lassen. Bin ich zu Veränderungen bereit?

20

Die zu zweit oder zu dritt sind – Maria und Marta von Betanien

„Wo zwei oder drei in meinem Namen versammelt sind, da bin ich mitten unter ihnen" (Mt 18,20). Dieser Text wird als Kanon gerne zu Trauungen, aber auch von kleinen christlichen Gemeinschaften gesungen.

Zwei oder drei ist zugleich auch die ausreichende Zahl derer, die gemeinsam erfolgreich bitten können (vgl. Mt 18,19).

Zwei oder drei:
- erhalten, was sie von Gott erbitten
- haben Jesu Zusage, dass er bei ihnen ist, wenn sie sich in seinem Namen versammeln
- sind somit die kleinste Form, die Grundform der christlichen Gemeinde
- sind nicht nur wie eine Gemeinde, sie sind Gemeinde

„Die wahre Gemeinde entsteht nicht dadurch, dass die Leute Gefühle füreinander haben, sondern durch diese zwei Dinge: dass sie alle zu einer lebendigen Mitte in lebendig gegenseitiger Beziehung stehen und dass sie untereinander in lebendig gegenseitiger Beziehung stehen." (Martin Buber, Ich und Du, Reclam Stuttgart 2014, 43.) Warum zwei oder drei? Warum nicht nur zwei? Oder genau zwei? Warum nicht präzise drei? Zwei sind tatsächlich die kleinste Gemeinschaft. Zwei können offen sein für mehrere, können sich aber auch abschießend verstehen. Der Dritte öffnet die Gemeinschaft.

„Zwei oder drei" macht deutlich: Gemeinschaft braucht etwas Abgeschlossenes, ein Innenleben. Aber auch etwas Aufgeschlossenes, Offenes, Beziehungen nach außen. Innenleben und Beziehungen nach außen haben – beides zusammen kennzeichnet jede Gemeinschaft, auch jede christliche.

Zur Zeit Jesu gab es eine derartige Gemeinschaft in Betanien. Die drei Geschwister Maria, Marta und Lazarus. Sie ziehen nicht mit Jesus umher, sondern leben am Ölberg in der Nähe von Jerusalem und stellen ihm eine Bleibe in Hauptstadtnähe zur Verfügung. Sie bieten Jesus ihre herzliche Gastfreundschaft. So wird erzählt, wie Jesus mit seinen Jüngern unterwegs war. Marta nahm ihn freundlich auf und bewirtete ihn. Maria setzt sich zu Jesus und hört ihm zu. Daraufhin beschwert sich Marta bei Jesus: Kümmert es dich nicht, dass meine Schwester mir die ganze Arbeit alleine überlässt? Jesus erwidert ihr: Du machst dir viele Sorgen und Mühen. Aber nur eines ist notwendig. Maria hat das Bessere gewählt. Das soll ihr nicht genommen werden (vgl. Lk 10,38-42).

Maria war auch diejenige, die bei einem Mahl in Betanien Jesus mit echtem, kostbarem Nardenöl die Füße salbt und mit ihren Haaren abtrocknet (vgl. Joh 12,1-3). Sie drückt damit ihren Glauben in einer prophetischen Zeichenhandlung aus, die auf Jesu bevorstehendes Ende hinweist. Maria lässt sich ganz auf Jesus ein und hört ihm aufmerksam zu.

In einer anderen Situation ist Lazarus krank. Deshalb lassen seine Schwestern Jesus rufen. Aber Jesus kommt erst, nachdem Lazarus schon gestorben und begraben ist. Es kommt zu einem ausführlichen Gespräch zwischen Jesus und Marta. Sie wirft ihm vor, zu spät gekommen zu sein, bringt aber auch jetzt ihr weiteres Vertrauen auf Jesu Möglichkeiten zum Ausdruck. Schließlich bekennt sie: Ich glaube, dass du der Messias bist, der Sohn Gottes, der in die Welt kommen soll (Joh 11,27). Marta wirkt wie die Hausherrin, die Vorsteherin.

„Wo zwei oder drei in meinem Namen versammelt sind, da bin ich mitten unter ihnen." Das kann auch als Leitwort für eine Ehe gelten. Natürlich gehören auch Romantik und Verliebtheit am Anfang und zwischendurch immer wieder neu dazu. Sie sind aber keine ausreichende Basis für eine tragfähige und dauerhafte Ehe. Der Kern dafür ist, dass beide Partner „zu einer lebendigen Mitte in lebendig gegenseitiger Beziehung stehen und dass sie untereinander in lebendig gegenseitiger Beziehung stehen".

Das heißt für Ehepartner konkret:

- einüben in das, was auch die kleinste Gemeinde tut
- sich immer wieder die eigene Mitte bewusst machen
- sich darüber verständigen, was sie als Paar ausmacht
- sich im gemeinsamen Geist versammeln und zusammenraufen
- Fehlendes gemeinsam erbitten und erarbeiten
- ein Innenleben als Paar führen
- Beziehungen zu Kindern und anderen pflegen

Wer das als Ehe im Namen Jesu tut, hat Jesu Zusage, bei den Eheleuten zu sein.

Der neugeborene Jesus ist die lebendige Mitte jeder christlichen Gemeinschaft. Von welchen Menschen kann ich sagen: „Mit dieser Person stehe ich in lebendig gegenseitiger Beziehung und mit ihr zusammen in lebendiger Beziehung zu Jesus als unserer Mitte"?

21

Die heute Hauskirchen bilden – Lydia

Eine Frau namens Lydia, eine Purpurhändlerin aus der griechischen Stadt Thyatira, hörte Paulus aufmerksam zu. „Sie war eine Gottesfürchtige und der Herr öffnete ihr das Herz … Als sie und alle, die zu ihrem Haus gehörten, getauft waren, bat sie: … kommt in mein Haus und bleibt da" (Apg 16,14b-15).

Was haben die Purpurhändlerin Lydia, der Gefängniswärter in Philippi (vgl. Apg 16,31-34) oder der römische Hauptmann Kornelius gemeinsam? Sie lebten in den Jahren um 30 bis 50 n. Chr. in einer Stadt im Mittelmeerraum. Sie waren gottesfürchtige Menschen. Sie hatten ein Haus, in dem sie mit mehreren Familienmitgliedern bzw. Bediensteten lebten. Mit diesen kamen sie zum Glauben an Jesus als ihren Herrn. Und sie ließen sich mit allen, die zu ihrem Haus gehörten, taufen. Später wurden diese Gemeinschaften „Hauskirche" oder „Hausgemeinde" genannt.

Lydia wurde von Paulus getauft. Kornelius lebte auf dem Gebiet des heutigen Israel, hatte Haussklaven und fromme Soldaten in seinem Gefolge, hatte Verwandte und seine nächsten Freunde bei sich, als er von Petrus getauft wurde (Apg 10). Überholte antike Verhältnisse? Welche Hinweise können diese Konstellationen für das 21. Jahrhundert geben?

Es gibt eine Person, die für die Hausgemeinschaft steht, das Wort führt, wirtschaftlich stark ist, Entscheidungen trifft, die Richtung angibt, sich aber auch für das Wohl aller verantwortlich weiß. Sie hat Rang und Namen, ein

Amt oder ein Geschäft. Die führende Person gehört eher zur gehobenen Mittelschicht und kann ohne ein gewisses Interesse für öffentliche Angelegenheiten und ohne Bildung dieser Rolle nicht gerecht werden.

Neben der Führungsposition besteht die Hausgemeinschaft aus anderen – mit Namen nicht bekannten – Angehörigen, die ihre bestimmte Rolle in der Konstellation haben. Diese treten als Individuen nicht besonders hervor. Sie identifizieren sich mit den Vorgaben der Führungsperson, handeln entsprechend und sorgen für eine bestimmte Größe und Festigkeit des Hauses.

Es gibt also offenbar die Berufung, eine Führungsposition für die Hausgemeinschaft wahrzunehmen. Daneben die Berufung, Teil der Gemeinschaft zu sein. Derartige Konstellationen machen deutlich, dass nicht alle Menschen eine Führungsrolle übernehmen wollen bzw. können. Damit ist aber keine höhere oder geringere Wertigkeit als Mensch verbunden. Das Wesentliche – der Glaube an die eigene Rettung durch Gott und die Taufe – ist allen, die zum Haus gehören, gemeinsam. Eine Hausgemeinschaft der hier beschriebenen Art kann etwas Bedrückendes, Belastendes, Krankmachendes haben. Sie kann aber auch Befreiung, Niveau oder den Blick auf das Wesentliche für einzelne Mitglieder erst ermöglichen.

Für Christen machen diese Konstellationen deutlich: Der Glaube lebt nicht nur in einer Territorialgemeinde mit Pfarrer, Kirche und Sonntagsmesse. Auch kleinere Gemeinschaften – angeführt von einem Mann oder einer Frau, verheiratet oder auch nicht – sind Kirche. Sie leben gemeinsam den Glauben, stehen in Kontakt mit den Aposteln, werden aber nicht erst durch ihre Einordnung in eine Ortsgemeinde wertvoll, sondern sind wertvoll für sich genommen. Sie geben ein gemeinschaftliches Lebenszeugnis. Hauskirchen sollte es ebenso heute noch mehr geben. Genauso wichtig ist, die, die es gibt, als solche zu identifizieren. So sollte man in einem christlichen Kranken- oder Bildungshaus, in einer katholischen Schule oder einem Caritas-Seniorenheim darüber nachdenken, sich als Hauskirche zu betrachten. Ebenso können sich kirchliche Seelsorgestationen in einem öffentlichen Gefängnis, Krankenhaus, Militär- oder Polizeikomplex – auch ohne priesterliche Leitung – als Hauskirche verstehen.

Ähnliches gilt für Fachbereiche von katholischem oder evangelischem Religionsunterricht an öffentlichen Schulen. Diese werden nicht selten nur durch eine einzelne Religionslehrerin oder einen Religionslehrer gebildet. Die Lehrkraft sammelt nicht nur Schüler und Schülerinnen, die schon Christen sind, und unterrichtet diese bisweilen in Gruppen von wenigen Kindern. Sie sind stetig und regelmäßig präsent und wirken auch nach außen. So bringen sie durch ihre Anwesenheit und Angebote auch von Hause aus nicht christliche Kinder, Lehrkräfte und Eltern mit christlichen Texten, Traditionen und Inhalten in Kontakt und Dialog.

Wer auf Jesus Christus getauft wurde, wurde auf seinen Tod getauft, damit auch wir mit ihm auferstehen zum neuen Leben (vgl. Röm 6,3-4). Wer auf Jesus Christus getauft wurde, wurde ebenso auf seine Geburt in diese konkrete Welt getauft, damit wir wie er und mit ihm Verantwortung in dieser Welt übernehmen. Lydia und viele nach ihr haben aus ihrer Taufe heraus Verantwortung mit der Bildung einer Hauskirche übernommen. Wofür stehe ich ein? Was gestalte ich?

22

Die anderer Religion sind –
Samariterin

Vor einigen Jahren wurde ich durch eine Unterrichtsstunde in einer 3. Klasse schon im Herbst an Weihnachten erinnert. Die Klassenlehrerin berichtete darüber, dass ein Schüler zu einem anderen gesagt habe, wer Weihnachten feiert, kommt in die Hölle. Außerdem habe er zu einem Kreuz, das eine Schülerin als Schmuck trug, den „Stinkefinger" gezeigt. Das Verhalten sei nicht in Ordnung, so die Lehrerin. Man müsse religiöse Feste und Zeichen anderer respektieren. Sie glaube nicht an Gott, toleriere aber den Glauben anderer.

Dem Toleranzhinweis konnte ich eine weitere Beobachtung hinzufügen: Zahlreiche muslimische Kinder haben mir erzählt, dass sie durchaus zu Hause Weihnachten feiern. Zum Beispiel in der Form, dass sie Geschenke erhalten und Dekorationen anbringen.

Dann ging es um das Symbol „Kreuz", um Fragen wie: „Was ist Himmel?", „Was ist Hölle?". Die Lehrerin, die sich als nicht gläubig bezeichnete, wollte diese Fragen aber nicht ausführlicher in ihrem Unterricht besprechen.

Wer Weihnachten feiert, kommt in die Hölle. Derartige Sprüche haben Schüler nicht von sich aus, dachte ich mir. Ich recherchierte im Internet und wurde fündig. Auf einer Seite stand ein Artikel des Kölner Stadt-Anzeigers vom 14. Dezember 2012. Dort heißt es: Ein Kölner Salafisten-Prediger habe sich wieder einmal zu Wort gemeldet. „In einer Videobotschaft hetzt er gegen Weihnachten und ‚Ungläubige'. Das Fest sei für Muslime Gotteslästerung. Wer es feiert, komme in die Hölle." Über diesen Prediger und die Elternhäuser dringt also islamistische Hetze in eine gewöhnliche Berliner Grundschule ein. Sicher eine unakzeptable Entwicklung, der Einhalt geboten werden muss.

Es bleiben auch Fragen: Können Muslime in Deutschland Weihnachten mitfeiern? Wenn ja, wie? Wollen sie es überhaupt? Oder an mich gewendet: Wäre es mir ein Anliegen, in einem überwiegend islamischen Land z. B. das Opferfest mitzufeiern? Warum und wie würde ich es tun oder eben lassen?

Ich habe lange überlegt, welche biblische Erzählung für dieses Geschehen einordnende Hinweise geben kann, und bin auf die Begegnung Jesu mit der Samariterin am Jakobsbrunnen gestoßen (Joh 4,5-30). Jesus kommt auf der Reise durch Samarien an einen Brunnen und trifft dort mit einer samaritischen Frau zusammen. Diese kommt, um Wasser zu schöpfen. „Jesus sagte zu ihr: Gib mir zu trinken! Die Samariterin sagte zu ihm: Wie kannst du als Jude mich, eine Samariterin, um etwas zu trinken bitten? Die Juden verkehren nämlich nicht mit den Samaritern" (Joh 4,7b.9). Aus der ganz menschlichen Bitte um etwas zu trinken entwickelt sich ein Gespräch über tiefe religiöse Fragen. Es werden Unterschiede zwischen Juden und Samaritern deutlich. Streckenweise entsteht der Eindruck, beide verwenden die gleichen Worte, reden aber dennoch aneinander vorbei. Hier ist für mich auch der Vergleichspunkt zum oben skizzierten Geschehen in der Schulklasse. Im weiteren Verlauf des Textes spricht Jesus schließlich aus, dass die Frau fünf Männer gehabt hat und der jetzige nicht ihr Mann ist. Daraufhin erkennt die Samariterin in Jesus einen Propheten. Sie eilt zurück in ihren Ort und sagte zu den Leuten: „Kommt her, seht, da ist ein Mensch, der mir alles gesagt hat, was ich getan habe" (Joh 4,29a). Daraufhin liefen viele Leute aus dem Ort hinaus zu Jesus. Eine Botschaft dieser Geschichte ist: Such das Gespräch über religiöse Themen auch mit Menschen, die andere religiöse Überzeugungen haben.

Eine entscheidende Wende nimmt das theologische Gespräch, als es nicht mehr um religiöse Fragen geht, sondern als Jesus der Frau sagt, was sie getan hat. Deshalb kommen auch die Leute des Ortes zum Glauben an Jesus „auf das Wort der Frau hin, die bezeugt hatte: Er hat mir alles gesagt, was ich getan habe" (Joh 4,39b). D. h. religiöse Gespräche haben dann eine Wirkung, wenn das eigene Tun der Gesprächsteilnehmer einfließt. Ansonsten bleiben sie leeres Gerede.

Mit Blick auf den Advent stellt sich die Frage: Was halte ich für den Kern von Weihnachten? Gott will, dass alle Menschen gerettet werden (1 Tim 2,4). Die Geburt Jesu von Nazaret ist das sichtbare Zeichen dafür. Christus, der Retter ist da! Dieses Wissen befreit: Wir Menschen sind bei allen Bemühungen – auch um ein friedliches religiöses Miteinander – nicht die Retter, sondern Christus hat Rettung und Heil gebracht.

23

Die anderen zur Familie werden – Maria Magdalena und Johanna

Im Lukasevangelium wird von einer Frau erzählt, die ganz unmittelbar Maria bewundert, indem sie spontan Jesus zuruft: „Selig ist deine Mutter, die dich getragen und genährt hat" (vgl. Lk 11,27). Jesus wehrt ab und sagt: „Selig sind vielmehr, die das Wort Gottes hören und es befolgen" (Lk 11,28).

In einem anderen Zusammenhang wird Jesus noch drastischer. Er steht am Beginn seines eigenständigen Weges. Er hat seinen Heimatort verlassen, erste Schritte gemacht, Entscheidungen getroffen und Erfolge zu verzeichnen. Er hat Kranke geheilt, Mitarbeiter berufen und viele Menschen auf sich aufmerksam gemacht. Diese Tätigkeiten und die große Öffentlichkeit sind seiner Herkunftsfamilie unheimlich; sie macht sich auf den Weg, „um ihn mit Gewalt zurückzuholen" (Mk 3,21). Seine Mutter und seine Brüder erreichen ihn, als er wieder mit vielen fremden Menschen im Gespräch ist. Sie geben zu erkennen, dass sie mit ihm sprechen wollen. Als ihm das von anderen zugetragen wird, erwidert er: „Wer ist meine Mutter, und wer sind meine Brüder? Und er blickte auf die Menschen, die im Kreis um ihn herumsaßen, und sagte: Das hier sind meine Mutter und meine Brüder. Wer den Willen Gottes tut, der ist für mich Bruder und Schwester und Mutter" (Mk 3,33-35).

Ein hartes Wort! Ebenso herausfordernd klingt: „Wenn jemand zu mir kommt und nicht Vater und Mutter, Frau und Kinder, Brüder und Schwestern, ja sogar sein Leben gering achtet, dann kann er nicht mein Jünger sein" (Lk 14,26). Achten Sie Ihre Familienangehörigen gering oder haben Sie schon mal zu Ihrer Mutter gesagt: „Wer ist meine Mutter? Diese oder jene – andere Frau – ist meine Mutter"?

Wegen ihres Unglaubens (vgl. Joh 7,5) weist Jesus nicht seinen leiblichen Brüdern und Schwestern bzw. seinen Verwandten wie Jakobus, Joses, Judas und Simon (Mk 6,3) eine besondere Rolle zu. Eine besondere Rolle erhalten vielmehr die, die an ihn glauben. Alle namentlich bekannten und unbekannten Jünger Jesus. Das sind natürlich die zwölf: Petrus, Andreas, Johannes usw. Aber im Lukasevangelium lesen wir auch von namentlich bekannten Frauen.

Jesus wanderte von Ort zu Ort und verkündete das Evangelium vom Reich Gottes. Dabei begleiteten ihn die Jünger und einige Frauen, die er von bösen Geistern und von Krankheiten geheilt hatte: Maria Magdalena, Johanna, die Frau des Chuzas, eines Beamten des Herodes, Susanna und viele andere. Sie unterstützten Jesus und die Jünger „mit ihrem Vermögen" (vgl. Lk 8,1-3).

Die kurze Notiz hat es in sich! Wenn Maria Magdalena, Johanna und Susanna den Wanderprediger Jesus begleiteten, warum wird so wenig in den Evangelien über sie erzählt? Immerhin: Jesus hat sie geheilt. Die Frauen haben ihn mit ihrem Vermögen unterstützt. Offen bleibt, ob mit Geld, ihrem Besitz und Reichtum oder aber mit ihren Fähigkeiten, Fertigkeiten und Begabungen. Oder vielleicht sogar mit allem zusammen.

Der kurze Hinweis auf Maria Magdalena, Johanna, Susanna und andere Frauen darf nicht missverstanden werden, als wäre ihre Begleitung Jesu nur ein einmaliger Akt gewesen. Schließlich waren sie auch bei der Grablegung

Jesu dabei (Lk 23,55). Maria Magdalena, Johanna und andere Frauen werden zu den ersten Zeugen der Auferstehung (Lk 24,10). Maria war es, die vor dem Grab Jesu weinte, den auferstandenen Jesus zunächst für den Gärtner gehalten hatte und ihn schließlich doch erkannte (Joh 20,1-18).

Jesus relativiert die natürlichen Familienbande zugunsten der Glaubensbindungen. Das kann mitunter jenen Menschen, die sich von ihrem Zuhause lösen und um ihren eigenen Weg ringen, Ermutigung sein. Gerade wenn Eltern oder andere Familienangehörige andere Wünsche, Erwartungen und Pläne haben: Mein Sohn oder meine Tochter soll mal in meine Fußstapfen treten, meinen Beruf erlernen, eine Partnerschaft meiner Wahl eingehen, mein Geschäft weiterführen, mein Haus übernehmen ... Wie viele Beispiele aus Geschichte und Literatur sowie dem privaten Umfeld gibt es dafür! Immer wieder meinen Eltern – ausgesprochen oder unausgesprochen –, sie hätten ein Recht, ihre Kinder derartig festzulegen.

Wer als Kind Derartiges erlebt und sich dennoch von Elternvorgaben emanzipiert, erlebt häufig harte Gegenreaktionen seitens der Eltern: Vorwürfe, undankbar und egoistisch zu sein. Ein Ausspielen gegen andere, die sich zu ihren Eltern vermeintlich besser verhalten würden. Unerfüllbare Forderungen wie: Ich will, dass du hier oder dort wohnst, dies oder das tust oder lässt. Drohungen mit Abbruch des Kontaktes: Wenn du dies oder jenes machst bzw. nicht machst, sind wir geschiedene Leute. Extremes Verhalten wie z. B. Telefonterror, Rufmord, Enterbung bis hin zu juristischen Vorgehensweisen. Männer und Frauen, die als Seelsorger, Berater oder Therapeuten tätig sind, wissen aus der alltäglichen Arbeit, wie schwer Menschen mit derartigem Ballast unter Schuldgefühlen, Selbstzweifeln u. Ä. zu tragen haben. Und das häufig ein Leben lang!

Auch allen hiervon Betroffenen gilt die Weihnachtsbotschaft. Die Geburt Jesu war nicht die Geburt in einen verschworenen Familienclan. Nicht die Geburt in eine geschlossene Gesellschaft. Es war die Geburt in eine Familie, die dem Neugeborenen alle nötige Zuwendung, Liebe und Sicherheit gab, die aber dem Herangewachsenen auch die Möglichkeit eröffnete, seinen Weg zu gehen. Eine Familie, die letztlich akzeptierte, was ihr der herangewachsene Jesus zu sagen hatte.

Menschen, die schwierige Verhältnisse in ihrer Herkunftsfamilie erlebt haben, sind froh über unterstützende Bestärkung. Wer das aus beruflichem oder privatem Zusammenhang heraus als Therapeutin, Seelsorger, Freundin, Kollege oder Partnerin tut, kann für jene Bruder, Vater, Schwester oder Mutter werden.

Die Mutter Jesu ist nicht zu bewundern, weil ihr Leib Jesus getragen und ihre Brust ihn genährt hat, sondern weil sie Gottes Wort gehört und es befolgt hat. Auch wir können etwa für Menschen, die schwierige Verhältnisse in ihrer Herkunftsfamilie erlebt haben, eine Unterstützung sein. Wer das tut, kann für andere Mutter, Vater, Bruder oder Schwester werden.

24

Die als Kinder Vorbild sind – Mose und Mirjam

Weihnachten scheint für Kinder das plausibelste Fest zu sein. Kindergeburtstag hat schon jedes Kind bei sich oder anderen gefeiert. Logisch, dass dann auch die Geburt und der Geburtstag von Jesus gefeiert werden müssen.

Ich merke das daran, dass manche Kinder das ganze Jahr über sowohl das Lied „Halte zu mir, guter Gott" von Rolf Krenzer als auch dessen Weihnachtsvariante singen:

Was in Israel geschah, feiern heute wir.
Was in Betlehem mal war, gibt es jetzt auch hier.
Refrain: Was in Israel geschah, feiern heute wir.
Was in Betlehem mal war, gibt es jetzt auch hier.

Geht Maria mit ihr'm Mann / auf nach Betlehem.
Muss durch Feld und Wald und Sand / und bleibt öfter steh'n.
Was in Israel geschah …

Wartet auf ihr erstes Kind, / das bald geboren wird.
Doch so kalt ist jetzt der Wind, / wenn sie umherirrt.
Was in Israel geschah …

Und kein Wirt, der lässt sie rein / in sein warmes Haus.
Und so wandern sie zu zwei'n / in einen Stall hinaus.
Was in Israel geschah …

Hier wird Jesus dann gebor'n, / schläft im Futtertrog.
Engel singen, ihn zu lob'n: / Ehre sei dir Gott!
Was in Israel geschah …

Und so feiern Weihnacht' wir / froh und wohlgemut.
Und das wünschen wir Euch sehr, / wenn auch ihr es tut.
Was in Israel geschah …

Kinder beeindruckt insbesondere das Einfache, das zu
Herzen Gehende. Einerseits nehmen sie vieles ohne Fragen für völlig selbstverständlich hin. Andererseits sind es
oft ihre Fragen und Ideen, die beeindrucken. Das machen
Mose und Mirjam deutlich, so heißen nach Num 26,59
die beiden Geschwister. Im 2. Kapitel des Buches Exodus
wird diese Geschichte aus ihrer Kindheit erzählt: Als die
Hebräer in Ägypten immer zahlreicher wurden, befahl
der Pharao: Werft alle Jungen, die den Hebräern geboren werden, in den Nil. Die Mädchen sollten am Leben
bleiben. Die Mutter brachte es nicht übers Herz, ihren
Sohn zu töten. Zuerst verbarg sie ihn. Als das nach drei
Monaten nicht mehr möglich war, nahm sie ein Kästchen,
dichtete es ab, legte ihren Sohn hinein und setzte es am
Nilufer im Schilf aus. Der Junge ist in Todesgefahr.
Seine Schwester beobachtete, was passierte. Dann kam
die Tochter des Pharao mit ihren Dienerinnen zum Fluss.
Plötzlich sah sie das Kästchen. Als sie es öffnete, sah sie ein
weinendes Kind darin liegen. Sie hatte Mitleid mit ihm und
erkannte in dem Jungen ein Hebräerkind. Punktgenau jetzt
taucht Miriam, die ältere Schwester des Jungen, mit einer
filmreifen Idee auf. Sie sagt zu der Tochter des Pharao:
„Soll ich zu den Hebräerinnen gehen und dir eine Amme
rufen, damit sie das Kind stillt?" Jene stimmt zu. Und das

Mädchen ruft die leibliche Mutter des Knaben herbei. Die Tochter des Pharao sagt zu ihr: „Nimm das Kind und still es mir. Ich werde dich dafür entlohnen." Später brachte die Frau den Jungen der Tochter des Pharao zurück. Diese nahm ihn als Sohn an und nannte ihn Mose.

Mose – der Name ist ägyptisch und könnte „Kind" bedeuten – verkörpert hier das Annehmende und blind Vertrauende von Kindern. Er wird in einer für ihn äußerst bedrohlichen Situation geboren. Er erfasst die Ernsthaftigkeit der Lage nicht. Er lässt alles mit sich geschehen. An ihm wird gehandelt.

Mirjam steht für das Unmittelbare, Unverstellte, für das Frische und Ideenreiche, auch Mutige von Kindern. Ihre einfache und naheliegende Idee ist nicht nur pfiffig oder witzig. Sie rettet das Leben ihres Bruders.

Intuitiv liegen Kinder oft richtig. Von Kindern können Erwachsene das Einfache lernen, das Annehmende und das Unverstellte. Daran erinnert auch Jesu bekannte Aktion. Er stellte ein Kind in die Mitte und fordert seine Jünger auf: Werdet wie die Kinder (vgl. Mt 18,2-3). Oder im Johannesevangelium heißt es: „Alle werden Schüler Gottes sein" (Joh 6,45). Dabei ist wohl auch auf den Propheten Jeremia angespielt und auf sein Wort: Sie alle, klein und groß, werden den Herrn erkennen (vgl. Jer 31,34).

Jeder und jede – klein und groß – können, wenn sie auf die Geburt Jesu schauen, Gottes wunderbares Handeln erkennen. Erwachsene haben da keine Vorteile gegenüber Kindern. Im Gegenteil: Kinder können durch ihre Intuition und Annahme Erwachsenen Vorbild sein:
Was in Israel geschah, feiern heute wir.
Was in Betlehem mal war, gibt es jetzt auch hier.